中文社会科学引文索引（CSSCI）来源集刊

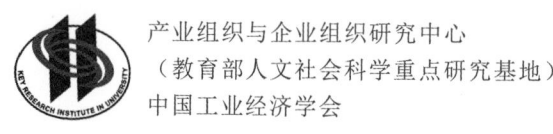

产业组织与企业组织研究中心
（教育部人文社会科学重点研究基地）
中国工业经济学会

产业组织评论
Industrial Organization Review

第11卷 第3辑 （总第31辑） 2017年9月
Vol. 11 No. 3 (Gen. 31) Sep. 2017

于　左　主编

中国社会科学出版社

图书在版编目（CIP）数据

产业组织评论 . 2017 年 . 第 3 辑：总第 31 辑/于左主编 . —北京：中国社会科学出版社，2017.9
ISBN 978 - 7 - 5203 - 1670 - 5

Ⅰ. ①产… Ⅱ. ①于… Ⅲ. ①产业组织—研究 Ⅳ. ①F062.9

中国版本图书馆 CIP 数据核字（2017）第 299465 号

出 版 人	赵剑英
责任编辑	卢小生
责任校对	周晓东
责任印制	王 超

出　　版	中国社会科学出版社
社　　址	北京鼓楼西大街甲 158 号
邮　　编	100720
网　　址	http：//www.csspw.cn
发 行 部	010 - 84083685
门 市 部	010 - 84029450
经　　销	新华书店及其他书店
印　　刷	北京明恒达印务有限公司
装　　订	廊坊市广阳区广增装订厂
版　　次	2017 年 9 月第 1 版
印　　次	2017 年 9 月第 1 次印刷
开　　本	787×1092　1/16
印　　张	10
插　　页	2
字　　数	207 千字
定　　价	50.00 元

凡购买中国社会科学出版社图书，如有质量问题请与本社营销中心联系调换
电话：010 - 84083683
版权所有　侵权必究

顾 问

吕 政　　中国社会科学院

主 编

于 左　　东北财经大学

副主编

郭晓丹　　东北财经大学
姜春海　　东北财经大学

编 委　（按姓氏笔画排序）

于 立	天津财经大学	林 平	香港岭南大学
于良春	山东大学	郁义鸿	复旦大学
干春晖	上海海关学院	金 碚	中国社会科学院
王俊豪	浙江财经大学	荣朝和	北京交通大学
卢福财	江西财经大学	夏大慰	上海国家会计学院
叶光亮	中国人民大学	夏春玉	东北财经大学
吕 炜	东北财经大学	秦承忠	美国加州大学圣芭芭拉分校
曲振涛	哈尔滨商业大学	戚聿东	首都经贸大学
李长英	山东大学	黄群慧	中国社会科学院
汪 浩	北京大学	龚 强	中南财经政法大学
肖兴志	东北财经大学	蒋传海	上海财经大学
陈勇民	美国科罗拉多大学	谢 地	辽宁大学
陈富良	江西财经大学	臧旭恒	山东大学
陈智琦	加拿大卡尔顿大学	谭国富	美国南加州大学

编辑部主任

韩 超

目 录

[论 文]

网络型资源、递增阶梯定价与两部制菜单的等价性 ……………… 方 燕（1）

激励约束机制对公司效率影响的随机前沿分析
　　——以家电行业为例 ……………………………… 刘凤芹　关璧麟（24）

城市公用事业基础设施服务能力指数评价与因素识别
　　——以东部13个省际为例 …………………………………… 熊 艳（38）

非对称互联网骨干网网间互联决策分析 ……………… 李美娟　肖倩冰（56）

资本体现式技术进步、资本深化与经济增长 …………… 杜 丽　高帅雄（67）

技术引进能否提高战略性新兴产业
　　自主创新效率？ …………………………………… 姜晓婧　李美潼（82）

以需求引致联动技术创新的模块化产业增长机制
　　——基于智能手机产业的分析 ……… 钱 勇　郭晓华　曹志来（102）

平台经济的竞争与治理问题：挑战与思考 ……………………… 陈永伟（137）

CONTENTS

[REARCH PAPER]

Network Resources, Increasing Block Tariff and Menu of
　　Two-Part Tariffs: Equivalency ················ Yan FANG (1)
The Frontier Analysis of the Impact of the Management of Incentive and Restriction
　　on Firm Efficiency: An Empirical Research Based on Household
　　Appliance Industry data ·············· Feng-qin LIU　Bi-lin GUAN (24)
Calculation on Urban Utilities Service Capability Index and
　　Factor Identification ···························· Yan XIONG (38)
An Analysis on Interconnection Decision of Asymmetric
　　Internet Backbone ······················ Mei-juan LI　Qian-bing XIAO (56)
Capital Embodied Technical Change, Capital Deepening and
　　Economic Growth ························ Li DU　Shuai-xiong GAO (67)
Can Technology Introduction Improve the Efficiency of Independent Innovation
　　in Strategic Emerging Industries?　··· Xiao-jing JIANG　Mei-tong LI (82)
The Growth of Modular Industry Driven by Technical Innovation
　　Linking with Derived Demand: An Case of Smart
　　Phone Industry ·········· Yong QIAN　Xiao-hua GUO　Zhi-lai CAO (102)
Competition and Governance of Platform Economy: Challenges and
　　Reflections ···································· Yong-wei Chen (137)

[论 文]

网络型资源、递增阶梯定价与两部制菜单的等价性

方 燕

（北京交通大学经济管理学院，北京 100044）

摘 要 本文研究了在消费者收入信息不对称条件下兼顾效率与公平的规制当局的递增阶梯定价设计问题，证明了在网络型资源领域中递增阶梯定价与两部制定价菜单从修正性福利意义上的等价性。研究发现，如果不考虑需求随机性，任一递增阶梯定价机制总存在与之等价的两部制菜单。鉴于两部制菜单在数学处理上的便利性，最优递增阶梯定价的设计可以过渡为最优两部制定价菜单的设计。这样，将极大地简化最优递增阶梯定价的设计，也有利于评估和完善供电、供水、供气等网络型资源领域的阶梯定价改革效果。

关键词 网络型资源；递增阶梯定价；两部制菜单；等价性

一 引言

在经历30多年的高速经济增长后，我国经济的持续发展面临日益严重的资源与环境约束，同时，社会上贫富差距不断恶化。为了兼顾经济效率、成本补偿、收入再分配和节约环保等多元化政策目标，2010年4月，国务院常务会决定实施居民用电阶梯定价政策。2012年7月1日，除西藏与新疆外，大陆所有地区全面实施递增阶梯电价。国家发改委于2013年12月和2014年3月相继宣布，将在2015年年底全面实施居民阶梯水价与气价，并着手探索成品油和煤炭等能源的递增阶梯定价改革方案，甚至有些大城市还在探索对土地和商场停车位等稀缺资源实施递增定价。不同于统一定价和两部制，递

[基金项目] 社会科学横向课题"互联网领域反垄断问题研究"（B17SK00030）、国家社科会科学基金青年项目"阶梯定价理论及其应用研究"（13CJL024）、北京交通大学人才基金"医保机制规制与公立医院改革的理论和实证研究"（KBRC15009536）。

[作者简介] 方燕，北京交通大学经济管理学院讲师。

增阶梯定价下用户所要支付的单位价格，随着其消费量的增加会阶段性地递增。对于城市居民供电、水、气和暖等网络型资源而言，至少有两个相关的特点：首先，这类资源基本属于生活必需品，对其基本消费需求可视为基本生活权。其次，这些资源的输送一般通过网络管道来实现，且能通过安装仪表测度器（如水表、电表等）来度量用户的实际用量。

几十年以来，两部制和完全非线性定价在实现多元化目标上的非最优性，曾成为学界研究的一个热门议题。20 世纪 70 年代，经济学家就围绕两部制定价能否兼顾经济效率、公平和规制约束展开论战。其结果是，Oi（1971）、Feldstein（1972）、Ng 和 Weisser（1974）以及 Faulhaber 和 Panzar（1977）等均认为，虽然两部制在现实中很常见，但它会导致很大的福利损失。80 年代以后，随着机制设计的兴起，以 Mussa 和 Rosen（1978）、Goldman 等（1984）以及 Maskin 和 Riley（1984）为代表，研究了最优非线性定价，甚至拓展至多产品定价、多维甄别和竞争性非线性定价等问题（Wilson，1993）。虽然非线性的凹性定价意味着最优定价，但现实中完全非线性定价却很少见。鉴于此，Stole（1995）、方燕（2017）、方燕与张昕竹（2014）指出，其中的一个重要原因是，最优非线性定价未考虑非线性定价实施过程中计算与信息复杂性带来的巨大的交易成本和福利损失。由此，Armstrong（2006）、Hoppe 等（2010）认为，如果考虑信息交流和计算要求所带来的交易成本，完全非线性定价和统一费率定价两种极端情形都不是最优的。因此，在现实中，通常利用基于两部制定价的阶梯定价（或两部制菜单）以实现部分甄别，在每增加一个级数（或选项）所引起的新增交易成本，与由此更好地甄别消费者所增加的效率之间进行权衡。

采用这种实用的定价方式的一个更重要的原因是，最优非线性定价下的绝大部分效率都能通过与两部制菜单等效的多部制定价来实现。Faulhaber 和 Panzar（1977）发现，多部制下的社会福利及消费者和生产者剩余，均随着定价选择数的增加而递增，且任何最优非线性定价都能由满足自我选择的两部制菜单的下包络线来逼近。进一步地，只要消费者的个人需求是非随机的，任何分段线性的定价总存在某个两部制菜单使两种定价结构下的福利（或利润）近似相等（Clay et al.，1992）。通过新增（不被占优的）定价选项总能实现福利改进，并且社会福利及其构成部分均以递减的速度增加（Wilson，1993；Brown and Sibley，1986；Mitchell and Vogelsang，1991）。更进一步地，Wilson（1993）指出，n 个两部制菜单相对于非线性定价所导致的福利损失是 n 的平方倒数的同阶无穷小；Bergemann 等（2011）基于 Mussa 和 Rosen（1978）质量差异化环境和线性设定获得类似的结论。同样，基于这样的设定，Wong（2014）进一步指出，新增两部制个数 n 的边际所得是递减的，且是 n 的三次方的倒数的同阶无穷小。在采购和规制环境下，基于分布均匀与二次效用函数假设，Reichelstein（1992）设计了由 n 个定价构成的一般性 n

部制；Rogerson（2003）指出，由固定价格和成本补偿两类定价组成的最优固定价格—成本补偿菜单，至少能实现完全非线性定价所能实现的最大福利（或利润）的75%。放松分布均匀假定，Chu 和 Sappington（2007）进一步发现，由成本补偿与线性成本分享合约组成的定价菜单，总能保证至少实现最大目标的73%。Sappington 和 Weisman（1996）分析了由多个价格上限定价组成的价格上限定价菜单，优于简单价格上限定价的条件。Laffont 和 Tirole（1986，1993）指出，最优凹性定价机制可以由线性合约组合的无穷的列菜单来逼近。Bower（1993）和 Gasmi 等（1999）证明，只要有关代理人不对称信息的不确定性因素较小，在许多环境下，由纯固定价格组成的固定价格菜单下的福利状况和在完全最优定价下近似。由固定价格规则和成本补偿规则组成的混合定价菜单下的福利接近于最优定价下的福利水平，即便是在有关代理人类型的不确定性较大和固定价格菜单无效的经济环境下也是如此。

在定价文献中，追求社会福利（或利润）最大化的规制者（或企业）所设计的最优定价，通常是非线性定价，并且最优非线性定价是凹的（Maskin and Riley，1984；Wilson，1993）。从福利（或利润）最大化角度看，相对简单的定价与复杂的定价机制之间存在一定程度的等价性。比如，如果消费者需求是非随机的，任一分段线性的凹性定价总存在与之（近似）等价的两部制菜单（Faulhaber and Panzar，1977；Clay et al.，1992）。

鉴于两部制和完全非线性定价在实现多元化目标上的不如意，国内外相关文献开始从理论和实证角度探索多部制递增阶梯定价机制来克服此问题。国外有关递增阶梯定价的文献主要探讨递增阶梯定价的由来，以及采用带有节点的预算约束下的计量技术分析需求效应。理论方面，Taylor（1975）和 Nordin（1976）最早指出，递减阶梯定价下，居民用电需求函数不连续的背后原因在于，递减阶梯定价下消费者预算约束集非凸，进而使边际内价格对消费只有收入效应。同时，利用包括边际价格和平均价格两个变量的方程设定，可以得出平均价格系数和收入系数"等大异号"的结论。Billings 和 Agthe（1980）将 Taylor—Nordin 的设定推广到递增阶梯定价（IBP）的情形。后来，大量文献均认为，IBP 的出现源于其所提供的激励恰好满足多元化目标诉求。

实证方面，出现了基于消费者行为优化的结构计量设定，以解决传统方法不能解决价格和消费同时决策的问题，这就是修正性结构极大似然估计和双误差离散/连续选择结构模型。结构极大似然估计（SML）始于 Moffitt（1986，1990），经过 Herriges 和 King（1994）发展完善。这种设定基于消费者行为最优化，估计任何级数阶梯定价对需求的影响，并揭示异质性、测量误差和观念误差等随机误差来源。离散与连续选择模型（DCC）始于 Burtless 和 Hausman（1978），由 Moffitt（1986，1990）、Hewitt 和 Hanemann（1995）完善并推广。该法采用了两步最优化原则。由于 IBP 下的消费者预算集为凸，这保证了内部解的唯一性。DCC 可用于 IBP 下需求函数的估计，成为阶梯定价下需求分析的主流结构计量模型设定。

虽然已有大量文献研究了递增阶梯定价对居民供电、供水和供气等领域消费需求的影响，但是，使用用户层面数据并基于微观结构计量模型的研究还较少。Vaage（2000）利用分立的离散/连续选择模型，分别计算出挪威居民的能源（以电力为主）需求价格弹性，其中离散时为 -0.4315，连续时为 -1.2903，而收入弹性则符号不定，不同组合下分别为 0.1977、-0.0061 与 -0.0688 等。Seung-HoonYoo 等（2007）利用双变量样本选择模型估计出首尔地区的电力需求价格与收入弹性为 -0.2463 和 0.0593。Hewitt 和 Hanemann（1995）、Olmstead 等（2007）等利用美国不同州的用户级数据，估计递增阶梯水价下居民用水的短期弹性和长期弹性。Borenstein（2009，2010）等研究美国阶梯电价下居民用电的需求弹性，指出如果对边际价格做出反应，短期价格弹性在 -0.12— -0.17；如果对（期望）平均价格做出反应，短期价格弹性为 -0.2825。尽管这些文献得出的结论不尽相同，但是，都得出非线性定价会增加需求弹性的重要结论。

国内近年开始出现有关（递增）阶梯定价和多部制定价的理论及实证研究。张昕竹（2011）结合阶梯定价特点，分析了（递增）阶梯定价研究的技术和经济两层面上的困难及其影响。方燕和张昕竹（2011）在国内首次就递增阶梯定价的理论和实证研究给出较为全面的文献综述。田露露和张昕竹（2015）对递增阶梯定价的估计方法、价格选择和实施效果等主题进行了综述。Sun 和 Lin（2013）指出，相对于统一定价，递增阶梯定价更能兼顾交叉补贴、经济效率和节能减排等多重政策目标。Lin 和 Jiang（2012）进一步提出，实现多重目标，采用四阶递增阶梯定价更适应国内情况。理论研究方面，有几篇文献研究了电信领域中的最优三部制定价问题，比如，在二次效用函数假设下，马源给出了三部制定价机制，张昕竹等（2007）探讨了三部制定价与最优非线性定价的实施问题。国内有关递增阶梯定价的理论研究成果主要是方燕（2017）、方燕和张昕竹（2011，2012）。实证研究方面，张昕竹等（2007）使用中国移动公司的话单数据，在寡头竞争和用户偏好为非对称信息情况下，对用户需求进行了分析。张昕竹等（2008）则使用中国某移动电话公司的话单数据，分析了三部制定价下的用户需求反应。国内有关递增阶梯电价下的电力需求效应分析刚起步。黄海涛（2010）考虑了分时与阶梯混合定价，采用线性化方法，估计出各档条件需求价格弹性分别为 -0.1074、-0.0879 和 -0.0489。基于杭州和上海居民用电数据及调查数据，张昕竹和刘自敏（2015）利用离散连续选择方法比较研究了分时阶梯定价和分时统一定价的优劣，发现分时阶梯定价在削峰填谷、促进公平和减少补贴方面有优势。刘自敏等进一步比较了递增阶梯定价与纯分时定价所能实现的政策目标的差异性。同样，基于这个数据，刘自敏等（2015）分析了分时递增阶梯定价结构下的再分配效应,发现低、中、高收入家庭户年均再分配额为9.17元、14.06元与14.08元,低、中、高收入家庭为实现1元再分配额的无谓效率损失为1.45元、0.80元和0.30元。显然,国内有关阶梯定价的实证研究发展较迅速,未来几年还将加速,但是,理论研究较为落后。本文的研究正好是对相对匮乏的递增阶梯定价理论研究文献的进一步丰富。

鉴于网络型资源独特的经济和技术特性、多元化目标诉求,以及统一定价和两部制定价等形式的固有缺陷,在网络型资源领域采用递增阶梯定价逐渐成为主流定价方式(方燕,2017)。虽然递增阶梯电价和水价政策改革陆续实施,但是,有关递增阶梯定价的诸多理论问题尚未完全解决。其中的关键问题便是最优递增阶梯定价机制的设计和执行。在网络型资源领域,直接设计最优递增阶梯定价机制异常复杂。其复杂性主要体现为两个层面:在技术层面,在递增阶梯定价下的边际价格函数不连续,或者说总支付函数并非处处可微,致使优化问题难以用光滑技术来处理。在经济理论层面,递增阶梯定价使消费者预算边界非光滑地外凸,从而使某些消费者的消费决策集中于那些阶梯分割点处。此时,边际价格只有收入效应,而无替代效应(张昕竹,2011;方燕和张昕竹,2011;方燕,2017)。这些特征导致不同结构参数之间存在互动效应:边际价格和阶梯数量显然与阶梯数有关,而阶梯数又受边际价格和阶梯数量的影响(方燕,2017)。

为了规避直接设计最优递增阶梯定价机制的困难,本文通过证明递增阶梯定价与两部制定价菜单从修正性福利意义上的等价性,试图将最优递增阶梯定价设计转化为最优两部制菜单设计问题,从而简化递增阶梯定价的设计。在两部制菜单下,虽然菜单选项的数量的内生性意味着两部制菜单的设计也不是那么直接和简单,但是,两部制的边际价格不存在互动效应,从而更方便处理。故而,本文的核心问题是,在网络型资源(或公共事业)领域,从兼顾效率与公平的修正性福利最大化视角,不考虑需求的随机性因素,递增阶梯定价与两部制菜单的等价性关系是否成立?结果发现,在网络型资源领域,递增阶梯定价在特定情况下同样存在等价的两部制菜单。这个结论不仅有助于说明递增阶梯定价相对于连续递增定价的渐近有效性,还有助于确定递增阶梯定价的最优阶数,因而将促进网络型资源领域最优递增阶梯定价设计的研究。

二 基本模型

考察一个只有两种严格正常品 x 和 c 的小经济,商品 x 是由受规制的经营商独家提供的网络型资源(如居民供水、供电、供气和供暖等)。由于输送这些网络型资源通常需要网络管道,并能通过测度器(如水表、电表等)实时计量每家每户的实际用量。为简化起见,假定所有消费者家庭都安装了测度器,实现供给网络的接入率为100%。此时,消费者家庭购买和消费网络型资源,难以像购买一般性商品那样,通过策略性地调整购买次数进行套利。这是居民供水、供电、供气和供暖等网络型资源或公共事业与一般性商品的重要区别之一。商品 c 可理解为其他所有商品经加总后的希克斯式商品,且其所在市场完全竞争。假定综合性商品 c 为计价物。作为正常品和必需品,商品 x 的消费额占总消费支出的比重较低,且收入需求缺乏弹性,这里近似地认为不存在收入效应[①] (Wilson,1993;Willig,1978)。进而可以假定代表性消费者的净效用函数对支出费用是加性可分的:

$$u(t, x, K) = v(t, x) - K(x)$$

其中,t 是消费者家庭的消费支出,可视为消费者的货币收入[②];价格函数 K(x) 可以是包括递增阶梯定价、两部制菜单和完全非线性定价等在内的任何可行价格政策;总效用函数 v(t, x) 关于 t 和 x 至少三阶连续可微,且满足: $\partial v/\partial x > 0$, $\partial v/\partial t \leq 0$, $\partial^2 v/\partial x^2 \leq 0$, $\partial^2 v/\partial x\partial t > 0$, $\forall (c, x) \in R_+ \times R_+ := R_+^2$ (单交叉性条件)。[③] 每户家庭的货币收入 t 只有本家庭成员知道,规制者、经营商以及其他家庭都不知道,他们只知道该家庭的收入 t 位于紧闭的单位域 T = [0, 1] 内。有关类型的(先验)概率分布 F:T→[0, 1] 和密度 f(t) = F'(t) > 0 是共同知识。如果把所有定义在单位域 T 内的先念分布函数统称为标准化分布函数集,用符号表示 $\Delta := \Delta[0, 1]$,那么 $F \in \Delta$。

给定定价政策 K(x),理性消费者在预算约束下选择最优的消费数量 x(t) $:= \arg\max_{x \geq 0} [v(t, x) - K(x)]$,实现间接效用 u(t) $:= v[t, x(t)] - K[x(t)]$。显然,最优消费和间接效用都是依赖于收入参数,由于收入参数是私有类型,在此这两个函数也可以说是类型依赖的。要使家庭自愿按照给定的价格合约进行消费,必须同时满足个体理性约束(IR)和激励相容约束(IC):用户家庭消费网络型资源的间接效用不低于不消费的保留效用;所有家庭如实选择为其制定的价格合约要优于选择任何其他价格合约。假设消费

[①] 为了给出消费者净效用对支出可分的理论解释,现在简要分析比偏好对净收入(y - K)和数量(x)可分的更一般化的偏好设定 U(y - K) + V(x)。这里函数 U(·)和 V(·)满足正则要求。如果商品支出 K(x)相对于初始收入(y)比重很小(y ≥ K(x)),如上述一般化偏好大致表示为 U(y) - KU'(y) + V(x)。剔除确定的收入因素,偏好改写为 u = tV(x) - K(x),其中,t = $\frac{1}{U'(y)}$ 表示因收入差异所致的消费者类型。偏好 u = tV(x) - K(x) 是偏好 v(t, x) - K(x) 在类型(t)和数量(x)可分离情况下的特例。对于公共事业和网络型资源或能源,一个家庭的消费支出占其总消费开支的比重很低,满足近似替代的前提。这正是本文类似设定偏好的依据。

[②] 严格意义上说,一个代表性家庭的(生活)消费支出只占家庭收入的一部分。但是,只要各家庭的消费支出占家庭总货币收入的比例外生给定,分析结果不会变化。这个固定比例与宏观经济学中的恩格尔系数类似。本文假定此比例为1,即家庭消费支出等于家庭收入。

[③] 注意,符号":="表示"定义为",特此说明。$R_+^3 := R_+ \times R_+ \times R_+$ 是三维非负实数欧氏空间。$T^2 := T \times T$ 是两维单位域空间。

者退出商品 x 市场时的保留效用被标准化为零。保留效用为零的参与约束对最优定价机制的约束最低。为简化假定不存在提供成本。① 此时，垄断运营商的收支约束（BB）为：

$$PS: = \int_0^1 \{K[x(t)]\} \mathrm{d}F(t) \geq H \geq 0$$

其中，$k(t): = K[x(t)]$，$\forall t \in T$ 是类型为 t 的家庭在定价政策 $K(x)$ 下做出最优选择时的最优消费量。

最后，假定仁慈无私的价格规制者追求一般化的社会福利最大化。一般化的社会福利是兼顾整体效率和各方公平性下的社会福利衡量。在此称之为修正性社会福利，以区别于通常意义上仅追求效率的社会福利。修正性福利②由增广的消费者剩余 ACS（Augmented CS）构成：

$$SW: = ACS = \int_0^1 M[u(t)] f(t) \mathrm{d}t$$

其中，$u(t)$ 是类型为 t 的消费者的间接效用。

增广的消费者剩余是规制者主观认为的消费者总剩余，通常不同于经典的消费者剩余 $CS \equiv \int_0^1 u(t) f(t) \mathrm{d}t$。非负函数 $M(*)$ 体现了规制者的主观福利判断。这个函数在此仅限于常见的高等函数形式。该函数映射试图将特定消费者 t 的实际福利状况映射到规制者的主观福利中，函数特性体现规制者的目标诉求及其倾向程度。如果此函数被设定为严格凹的，即其直接导数随类型 t 而递减，那么规制者希望兼顾效率与公正。此时规制者是半福利主义者，而不是一味地追求效率而忽略社会公正的福利主义者（Werning, 2007）。主观福利判断函数的凹性程度（即绝对曲率）越大，规制者对公正诉求越重视，更加关注低收入消费者的福利状况。极端地，如果函数 $M(*)$ 的（绝对）曲率无穷大，福利体现纯罗尔斯主义公正诉求，只关注最低类型消费者的福利；如果 $\mathrm{d}M(*)/\mathrm{d}u$ 与类型 t 无关，如线性的，则福利体现纯功利主义诉求，规制者一视同仁地对待各类型消费者。此时增广消费者剩余与经典消费者剩余相等。

基于模型环境设定，如果规制者通过设计连续递增的直接机制③ $\{(x(t), k(t)) | t \in T\}$ 实现修正性福利最大化，那么其优化问题（I）为：

$$SW_\infty: = \mathrm{Max} \int_0^1 M(u(t)) \mathrm{d}F(t)$$

---

① 成本的存在对最终结果不产生实质性影响。如果存在正成本，成本恰好补偿条件下的正成本体现为正参数 H，显然，无成本假定是合理的。

② 在收入预算约束下的消费者总剩余最大化问题，与在收入预算约束下的社会福利（由消费者总剩余与生产者剩余的加权和组成）最大化问题，对定价研究而言基本等价。此特性对公共定价和最优收入税问题均如此。

③ 直接机制是信号空间恰恰是类型空间的机制。根据显示原理，直接机制足以实现一般性机制能实现的目标。

$$\text{s.t.} \begin{cases} (IC)u(t) := \text{Max}v[t,x(t)] - k(t) \geqslant v[t,x(\tilde{t})] - k(\tilde{t}), \forall (\tilde{t},t) \in T^2 \\ (IR)u(t) \geqslant 0, \forall t \in T \\ (BB)\int_0^1 k(t)\mathrm{d}F(t) \geqslant 0 \end{cases}$$

相应地，如果设计 n 级递增阶梯定价或类型分割—消费—支付组 $\hat{\phi}_n = \{(\hat{T}_i, \hat{x}^i(t), \hat{B}_i(t))\}_{i=1}^n \in (R_+^3)^n$ 实现修正性福利最大化①，那么优化问题（Ⅱ）则为：

$$SW_n(\phi_n^*, F) := \underset{\{(T,x^i(t),B_i(t))\} \in (R_+^3)^n}{\text{Max}} \sum_{i=1}^n \int_{t_i}^{t_{i+1}} M\{U[(i,x^i(t))]\}\mathrm{d}F(t)$$

$$\text{s.t.} \begin{cases} (IC_n^i)U(i,t_{i+1};t_{i+1}) = U(i+1,t_{i+1};t_{i+1}), \forall i \in I_n \\ (MON_n)x^i(t) < x^{i+1}(t), \forall i \in I_{n-1}, \forall t \in T_i \\ (BB)PS = \int_0^1 \{K[x(t)]\}\mathrm{d}F(t) \geqslant H > 0 \end{cases}$$

其中，最优机制组集 $\phi_n^* = \{[T_i, x^i(t), B_i(t)]\}_{i=1}^n$ 是由激励相容约束、个人理性约束和预算中性约束共同确定的可行机制组集内，能实现最大修正性福利的机制组的集合。

问题Ⅱ中激励相容约束表征了相应类型的任一消费者在上下两个阶梯消费的无差异性，共由 n 个等式组成；由 n 个不等式组成的单调性约束则由第 i 个激励相容约束和个人理性约束共同决定。

三　一些重要概念和结论

为便于表述和分析，首先用形式化语言描述有关递增阶梯定价和两部制菜单集合的重要概念；然后基于优化问题，论证网络型资源领域递增阶梯定价与两部制菜单从修正性福利意义上的等价性。

现在把对主要概念的界定和说明，给出如下：

定义 Ⅰ：n 级递增阶梯定价集是阶梯内边际价格满足非负性和严格递增性且阶数 $n \in I_{++}$ 的阶梯定价所组成的集合 Φ_n。n 级递增阶梯定价集 $\Phi_n \subset I_{++} \times R_{++}^{n-1} \times R_{++}^n \subset (R_{++}^3)^n$ 表述为：

$$\Phi_n \equiv \{\phi_n := [n, [X_i]_{i=1}^{n-1}, [P_i]_{i=1}^n] \mid n \in I_{++}, 0 < X_1 < X_2 < \cdots < X_{n-1}, 0 < P_1 < P_2 < \cdots < P_n\}$$

其中，符号 $I_{++} := \{1,2,3,\cdots\}$ 是正整数集。后面还将看到，R_{++}^n 是 n 维正实数空间，$I_n := \{1,2,\cdots,n\}$。

对于任意 n 级递增阶梯定价 $\hat{\phi}_n \in \Phi_n$，每个数量区段内的边际价格固定，在上下阶梯区段之间的阶梯价格递增。此时，一个代表性消费者（家庭）的

---

① 为压缩空间，这里省略某些技术细节。参照方燕及方燕和张昕竹。

（每月或每季度）支付额为：

$$B(x) = \begin{cases} B_1(x) = C + xp_1 & 0 < x \leq X_1 \\ B_2(x) = C + xp_2 + (p_1 - p_2)X_1 & X_1 < x \leq X_2 \\ \cdots \\ B_n(x) = C + xp_n + \sum_{i=1}^{n-1}(p_i - p_{i+1})X_i & X_{n-1} < x \end{cases}$$

其中，非负参数 C 是固定（月/季）支出，$(X_1, X_2, \cdots, X_{n-1}) := [X_i]_{i=1}^{n-1}$ 和 $(p_1, p_2, \cdots, p_n) := [p_i]_{i=1}^{n}$ 分别是数量分割点和阶梯边际价格，分别满足 $0 < X_1 < X_2 < \cdots < X_{n-1}$ 和 $0 < p_1 < p_2 < \cdots < p_n$。$B_i(x)$ 是代表性消费者的消费量 x 落在阶梯 i 上时被索取的消费额，其中，$VI_i = C + \sum_{j=1}^{i-1}(p_j - p_{j-1})X_j$ 也被称为虚拟收入。其实，如果对于所有阶梯 $i \in (2, 3, \cdots, n)$，有 $p_i < p_{i-1}$ 或 $p_i = p_{i-1}$，分别称之为递减阶梯定价（即数量折扣）和（修正性）两部制。这两种类型的定价与递增阶梯定价一起，被统称为广义阶梯定价。修正性两部制作为广义阶梯定价的特例，常作为（递增或递减）阶梯定价研究的对照基础（方燕，2017）。

给定任一 n 级递增阶梯定价 ϕ_n，类型域 T 内的消费者的实际消费量分别落在 n 个阶梯上。在分离均衡下，类型全域被分割为 $T := \{T_i = [t_i, t_{i+1}]|_{i=1}^{n}\} \cup \{1\}$，其中，$t_1 = 0$，$t_{n+1} = 1$。由于消费者的效用函数满足正单交叉性，类型高的消费者的边际效用也高。由于类型分割归根结底是消费者的消费量实际所落在的阶梯序的差异，类型分割与消费分割显然相对应，此时 n 级递增阶梯定价可改写为 $\phi_n := \{n, [T_i]_{i=1}^{n}, [P_i]_{i=1}^{n}\} \in \phi_n \subset \phi$。由于最大类型消费者的最优消费量总有限，如为 $\bar{x} > 0$，消费区域能被设定为 $X := [0, \bar{x}]$，其中，最低类型消费者的最适消费量被标准化为零。相应地，子域 T_i（$\forall i \in I_n$）内的消费者的消费域为 $X_i = (x_i, x_{i+1})$，其中，$x_i \equiv x(t_i)$，$x_1 = 0$，$x_{n+1} = \bar{x}$。

由于激励相容约束保证高类型消费者的消费量也大，数量分割背后隐含着类型分割 $T_i := \{(t_i, t_{i+1})|x(t_i) = X_i, \forall i \in I_n\}$ 和支付函数形式的不同。消费量位于第 i 阶梯上的消费者的支付——消费曲线 $B_i(x)$ 是斜率和纵截距分别为 $p_i > 0$ 和 VI_i 的直线上的部分线段。若此消费者位于第 i+1 阶梯，其支付曲线 $B_{i+1}(x)$ 的斜率 p_{i+1}（$>p_i$）更大，截距 VI_{i+1}（$<VI_i$）更小，总支付 B_{i+1}（$>B_i$）更大。消费落在第 n 级阶梯上的消费者的总支付由 n 个子项费用加总而成，且各部分费用的边际价格递增。由于分段线性的 n 部制由固定收费和 n-1 个定价计划加总而成，递增阶梯定价显然属于递增的多部制。递增阶梯定价机制设计，就是要确定合理的消费阶数、数量分割点以及各数量档次上的边际价格（方燕，2017）。

定义Ⅱ：递增阶梯定价集是由所有阶梯数大于等于 1 的递增阶梯定价集

组成的集合 Φ。符号表述为 Φ：= {Φ₁, Φ₂, ⋯, Φⱼ, ⋯, Φ_N}，其中，元素 Φⱼ 是由定义 I 所界定的 j 级递增阶梯定价集。参数 N ∈ I₊₊ 是最大可能的阶梯数。

显然，递增阶梯定价集是集合的集合，总共有 N 个元素。方燕和张昕竹研究发现，如果考虑阶梯定价在实施过程中因计算与信息复杂性而致的高昂交易成本与福利损耗，最大可能的阶梯数 N 是个相对较小的正整数。特别地，当 N = 1 时，Φ 内的唯一元素 Φ₁ 是一级递增阶梯定价集，也就是修正性两部制集。如无特别说明，参数 N 均指大于等于 2 的正整数，字母 M 亦然。

类似地，对修正性两部制集和两部制菜单的界定如下所示：

定义Ⅲ：修正性两部制集是由所有可行的修正性两部制组成的集合 Ω₁。符号表述为 Ω₁ = {(l, p) ∈ R × R₊ | l + xp = K(x), ∃K(∗) ≥ 0}，其中，函数 K(∗) 是消费支付函数。

定义Ⅳ：m 列两部制菜单集是所有有 m ∈ I₊₊ 个修正性两部制供选择的定价菜单所组成的集合 Ω_m。严格地说，m 列两部制定价菜单集 Ω_m ⊂ I₊₊ × (R × R₊₊)^m 表述为：

$Ω_m = \{φ_m = [m, (l_j, p_j)_{j=1}^m] | 0 ≤ p_j < p_{j+1}, ∀j ∈ I_m := [1, 2, ⋯, m], m ∈ I_{++}\}$

定义Ⅴ：两部制菜单集是所有由列数为 1, 2, 3, ⋯, M 的修正性两部制菜单集组成的集合 Ω。符号表述为 Ω = {Ω₁, Ω₂, ⋯, Ω_m, ⋯, Ω_M}，其中，元素 Ω_m (∀m ∈ I_M) 是由定义Ⅳ所界定的 m 列两部制菜单集。参数 M ∈ I₊₊ 是最大可能的菜单列数。

需要指出的是，修正性两部制概念沿用"两部制"的说法，主要是想强调这类定价与经典的科斯两部制类似，均由固定收费和变动收费两部分构成。两者的区别也重要：科斯两部制中边际价格等于边际成本。当边际成本固定时，边际价格才固定不变（Tirole, 1988; Wilson, 1993）。修正性两部制中的边际价格 p 总是固定的，同时即使边际成本固定，p 也不一定等于边际成本。修正性两部制菜单集 Ω 共有 M 个元素，每个元素是一个无穷集合。只有一列的两部制菜单集自动退化为只有一个选项的两部制集 Ω₁。

界定清楚主要概念的内涵后，现在开始探讨在网络型资源领域 n 级递增阶梯定价与 n 列两部制菜单的等价性关系。这个关系的成立，是基于修正性福利最大化的意义上而言的。这个等价关系使论证递增阶梯定价机制的渐近有效性，确定递增阶梯定价的最优阶数（方燕和张昕竹，2014），乃至设计最优递增阶梯定价机制成为可能（方燕，2017）。

基于对如上诸概念的界定和说明，现在给出重要命题：

引理：（递减多部制与两部制菜单的等价性）在消费者的确定性需求条件下，对于任意一个连续递减定价，总存在一个 n ≥ 2 部制递减定价或有 n − 1 列两部制菜单 $φ_{n-1}$ 来逼近，使两种机制下的社会福利（或利润）近似相等。

证明：参见 Faulhaber 和 Panzar（1977），或 Wilson（1993）。

这里以一般性商品（包括网络性资源）垄断运营商的最优定价为例，简要地说明引理。在经典定价文献中，在正单交叉性和单调风险率的假定下，激励相容条件和个人理性约束使高类型消费者的最优消费高，使消费量与类型呈现单调性。为此，垄断企业的最优策略是让边际价格 $p(t)$ 随类型 $t \in T$ 连续递减的非线性定价政策，以完全甄别消费者类型，尽量榨取消费者剩余，实现期望利润最大化（Maskin and Riley，1984）。如果改用某个更易操作的三部制定价，三个边际价格 $p_1 > p_2 > p_3 > 0$，如图 1a 所示。只要所设计的三部制能实现诸如区域 a 与 b、c 与 d 之类的区域对的面积对等，就能使连续递减定价改换为三部制时，向部分消费者少索取的收入能通过向另外部分消费者多索取来抵消，基本不损害预期利润。理论上说，通过调整三个边际价格 p_1、p_2、p_3 和两个类型分割点 t^1，$t^2 \in T$，能使这些区域对的面积相等。

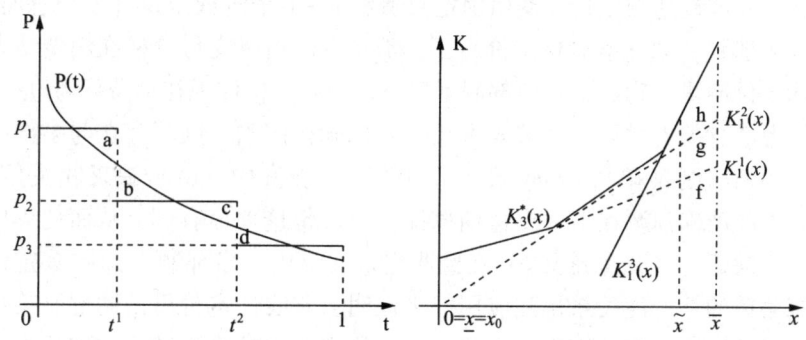

图 1a　连续递减定价与三部制的关系　　图 1b　三级递增阶梯定价与三列两部制菜单的等价性

推论 I：逼近同一个连续递减定价的 $n \geq 2$ 部制递减定价和 $n-1$ 列两部制菜单等价。

证明：由引理直接推得，证明从略。

推论 I 说明，在确定性需求下，任何多部制递减定价（如递减阶梯定价）总存在等价的两部制菜单。① 本文所指的等价性含义是指最大化福利的规制者（或最大化利润的垄断企业），能用多部制递减定价和两部制菜单实现等量的福利（或利润），这里的福利可以是社会福利或修正性福利。虽然 $n = 2$

---

① Clay 等（1992）研究了在交易成本下执行非线性定价的两种方式 Optional Calling Plan（如两部制菜单）和 Taper（即递减阶梯定价）之间的关系。当消费者需求确定时，两者等价；当需求随机时（如由支付风险和需求品位变动所致），两者不等价。当需求随机性不够大时，两部制菜单下的企业期望利润高于多部制，但总剩余和消费者剩余则更低。实证分析发现，居民电力用户很少在两部制菜单下购买网络线上购买（Train et al.，1987）；在单一费率电话业务上的很多用户并没有选择能使其话费更低的本地业务（Kridel et al.，1993）。本文不研究需求随机性的影响。

的情形没有多大意义，显然，此时结论成立。与任意给定的 n 部制递减定价等价的 n–1 列两部制菜单 $\varphi_{n-1} = \{(l_i, P_i)|_{i=1}^{n-1}\}$ 的参数，至少满足不等关系式：$l_i < l_{i+1}$，$0 \leq p_{i+1} < p_i$，$\forall i \in I_{n-1}$。换言之，与多部制递减定价等价的两部制菜单内的各子菜单选项的固定收费参数随列次序递增，而边际价格随列次序递减。显然，这个关系仅是两者等价的必要不充分条件。

在一般的经济规制环境下，对于诸多分布和效用函数，复杂的凹性合约几乎都能由简单的线性合约来等价执行（Laffont and Tirole，1993）。鉴于套利动机和行为的存在，每个消费者会选择使其在给定消费量下的支出最小的定价选项，进而使两部制菜单带来的净影响相当于这些两部制菜单选项的下包络线所带来的影响，且其下包络线为凹（Faulhaber and Panzar，1977；Wilson，1993）。综合考虑每个定价选项下的消费者剩余预期后，消费者会选择最佳的两部制选项进行消费决策和支付。此时这个两部制菜单模拟了一个分段线性的 n 部制递减定价，其由固定收费和 n–1 个阶梯定价计划加总而成。在递减多部制（如递减阶梯定价）下，消费者的边际支付价格在消费结束后的实际支付期得以确定；在两部制菜单下，边际价格体现在消费行为过程中。若新增考虑有关支付风险（或需求品位）的随机因素，则不存在与多部制定价等价的两部制菜单①（Clay et al.，1992）。现实中，由于缺乏相关信息，消费者不能准确预测在下一支付期选择哪个定价选项最有利，从而使等价性结论多少缺乏一些现实意义。② 在经典定价文献中，多部制（递减）定价与两部制菜单的等价性关系得到应用但未证明。非线性定价可由两部制菜单来近似执行的结论，部分说明了为什么在经典定价文献中连续递减定价大多转化为两部制菜单（Brown and Sibley，1986；Mitchell and Vogelsang，1991）。

推论Ⅰ揭示，对于一般性私有品，只要需求非随机，任何多部制递减定价均能找到与之等效的两部制菜单。由于递增阶梯定价政策主要用于网络型资源，现在重点关注网络型资源。网络型资源的特点是，各家各户的消费量测度简便和套利难以实施。这就使规制者能约定按照使给定消费下的支付最大的那个定价选项，向消费者索取费用。此时，消费者只能通过消费量的选择（间接地确定某个合理的定价选项），使（在此选项下的）消费支出最小化和效用最大化。这个思想体现为：在网络型资源领域，两部制菜单带来的净影响相当于这些两部制菜单选项的上包络线所带来的影响（方燕，2017）。

定理Ⅰ：在网络型资源领域，当消费者需求确定时，对于任何连续递增

---

① 其实，多部制与两部制菜单的关系问题属于事后定价（Ex Post Pricing）和事先定价（Ex Ante Pricing）关系问题。更一般地，这属于机制设计或合约理论中的事后合约与事先合约问题。

② 不过，如果企业事后主动按照消费者支付费用最小的定价选项进行收费，如上的消费者信息不完备的负面作用可以得到缓解。当然，从短期来看，这样做并非追求利润最大化的企业利益之所在，但符合其长期利益。

的激励性定价$\{[x(t), K(t)] | \frac{K'(t)}{x'(t)} > 0, [x(t), K(t)] \geqslant \vec{0}: = (0, 0)\}$，总能由某个两部制菜单$\varphi_{m^*}^* = [m^*, (l_j, p_j)|_{j=1}^{m^*}] \in \Omega_{m^*}(m^* \in I_{++})$来逼近，使两机制下的修正性福利近似相等。

证明：见附录或方燕（2017）。

与引理类似，定理Ⅰ说明，鉴于网络型资源批量提供的独特性，某个给定的连续递增定价，总存在某个两部制菜单来逼近。现在给出一个定义，再引入一个有益的结论。这个命题是方燕和张昕竹（2014）的重要结论之一：

定义Ⅵ：给定任意分布函数$F \in \Delta$，用n级递增阶梯定价替代连续递增定价所造成的福利损失函数为：$L(F, n): = SW_\infty - SW_n$，其受制于类型分布和递增阶梯定价的阶数。其中，$SW_\infty$和$SW_n$分别是连续递增定价和n级递增阶梯定价下所能实现的最大修正性福利。

定理Ⅱ：（递增阶梯定价的渐近有效性）在网络型资源领域，对于任何连续递增的激励性定价$\{[x(t), K(t)] | \frac{K'(t)}{x'(t)} > 0, [x(t), K(t)] \geqslant (0, 0)\}$，总能由某个最优n级递增阶梯定价$\phi_n^*$近似逼近，使两机制下修正性福利近似相等。技术性地，两个机制下的修正性福利损失函数是阶梯数n的平方倒数的同阶无穷小。

证明：见附录，或方燕和张昕竹（2014）对其第一个定理的证明。

为了更好地理解定理Ⅱ，现在通过一个实例进行简要的数值分析。假设在一个特定的经济环境和分布F下，用n级递增阶梯定价取代连续递增定价所带来的净福利损失函数为$L(F, n) = \frac{1}{2n^2}$，则$L(F, 1) = \frac{1}{2}$，$L(F, 2) = \frac{1}{8}$，$L(F, 3) = \frac{1}{18}$。在这个环境下，相对于连续递增定价机制所能实现的最大修正性福利而言，用一级递增阶梯定价（即修正性两部制）只实现50%的福利，损失50%的福利；如果用两级递增阶梯定价，则能实现最大福利的87.5%，仅损失12.5%；如果用三级递增阶梯定价将实现约99%的福利，福利损失不到1%。当阶梯数n足够大时，任一连续递增定价机制都能由某个最优n级递增阶梯定价来替代，使其福利损失足够小。其实，合适的阶梯数的适用范围还较小（方燕和张昕竹，2014）。虽然具体范围取决于对需求、成本和类型分布函数的设定，但基本结论不变。

推论Ⅱ：（递增阶梯定价与两部制菜单的等价性定理）在网络型资源领域，在消费者的确定性需求条件下，对任一n级递增阶梯定价$\phi_n \in \Phi_n \in \Phi$，$2 \leqslant n \leqslant N$，总能找到一个n列两部制菜单$\varphi_n \in \hat{\Omega}_n \in \Omega$，使两种机制下的修正性福利近似相等。

证明：结合定理Ⅰ和定理Ⅱ即可。

结合定理Ⅰ和定理Ⅱ能直接得出这个推论。该结论是本文的核心命题。要更好地理解推论Ⅱ的含义，必须注意三点：第一，给定任一一级递增阶梯定价 $\varphi_1 \in \Phi_1$，显然，总存在某个与之等价的两部制菜单。该两部制菜单便是（修正性）两部制集的元素 $\varphi_1 \in \Omega_1$。第二，由于 n 级阶梯定价是 n+1 部制的一个典型形式，与 n 级递增阶梯定价等效的两部制菜单的列数应是 n。第三，与任意给定的某个 n 级递增阶梯定价 φ_n 等价的 n 列两部制菜单 $\varphi_n = \{(l_i, p_i)\mid_{i=1}^n\}$ 中的参数至少满足不等关系式：$l_i > l_{i+1}$，$0 \leq p_i < p_{i+1}$，$\forall i \in I_{n-1}$。换言之，与递增阶梯定价等价的两部制菜单内的各子菜单选项的固定收费参数随列次序递减，而边际价格随列次序递增。此性质仅是 φ_n 与 Φ_n 等价的必要不充分条件。

为了使推论Ⅱ更直观，现在简要地说明三级递增阶梯定价与三列两部制菜单的等价性关系。在 K-x 直角坐标系中，如图 1b 所示，三条直线分别表示在三个修正性两部制 $K_1^1(x)$、$K_1^2(x)$ 和 $K_1^3(x)$ 下的线性支付函数。嵌于三条直线内的三条黑体实心线段组成一个三级递增阶梯定价 $K_3^*(x) \in \Phi_3$。现在假定某消费者家庭消费了既定数量 $\tilde{x} \in [0, \bar{x}]$，显然在这三个修正性两部制下须支付的消费额不同。严格有 $0 < f < g < h$，其中字母符号既表示图上交点，也表示交点的高度（即消费额），下同。凭借网络型资源的特性，规制者完全能指定：当消费量为 $\tilde{x}$ 时，消费者应支付的消费额为 $\max\{f, g, h\} = h$。此时，由这三个修正性两部制组成的（修正性）两部制菜单，不再出现一个消费量对应多个潜在支付额的局面。这时的两部制菜单对应于三个黑体实心线段，即三级递增阶梯定价。类似地，n(>3) 级递增阶梯定价与 n 列两部制菜单的等价性关系同样成立。

注意：推论Ⅱ只针对网络型资源定价有效，不能推广到一般商品或资源。因为在一般性商品下，规制者倡导按照给定消费量下的支付额最大的选项索取费用的愿景，在套利行为下会落空。综合推论Ⅰ和Ⅱ，说明阶梯定价与两部制菜单在一定条件下存在等价的可能。由于一般商品下的最优定价常为连续递减定价，递减阶梯定价（或一般的多部制递减定价）与两部制菜单常能等价。对于网络型资源领域，由于其经济与技术特性，以及规制者兼顾效率与公平的特殊诉求，最优定价可以是连续递增定价（方燕和张昕竹，2012），此时递增阶梯定价与两部制菜单也可能等价。正如综述部分所揭示的，前一论断在经典定价文献中早有论述。有关网络型资源领域的后一论断是本文研究的命题，经典文献较少涉及。

鉴于规制者提供、实施和核实定价政策时需要寻求相关数据信息和决策计算，以及消费者（包括运营商）学习和理解复杂的定价细节和优化决策，都会对计算能力和信息量提出很高的要求。由于计算复杂性和信息复杂性所致的高昂执行成本和交易成本，连续递增定价机制必须采用离散的递增阶梯定价来执行（方燕和张昕竹，2014；方燕，2017），此点不局限于网络型资源定价问题。由于递增阶梯定价机制的数学不规则性（如不可微性、解的跳跃性），直接研究其有效执行问题很困难。鉴于递增阶梯定价与两部制菜单的等价性定理，最优递增阶梯定价机制的设计可转化为最优两部制菜单机制设计。比如，最优二级递增阶梯定价机制和最优三级递增阶梯定价机制能分别被最优两列两部制菜单和最优三列两部制菜单问题所替代。这些正是后续研究的重点和难点。研究最优二级和三级递增阶梯定价，不仅使对最优递增阶梯定价机制设计问题的理论探索前进了一步，还有利于评判和完善国家发改委倡导的两套（递增）阶梯定价改革方案的合理性（国家发改委，2010）。

四　总结与展望

本文探讨了追求兼顾效率与公平的规制者在网络型资源领域的递增阶梯定价设计问题，集中研究了递增阶梯定价与两部制菜单的等价性关系。由于递增阶梯定价的数学不规则性、结构参数的互动关联性等原因，直接研究最优递增阶梯定价很困难。经典定价文献已证明，对于一般性商品领域，任何多部制递减定价都可能找到等价的两部制菜单。在网络型资源领域，作为分段线性的多部制递增定价，递增阶梯定价也可能存在带来同等修正性福利的两部制菜单。这个拓展性结论，使论证递增阶梯定价的渐近有效性、确定递增阶梯定价的最优阶数成为可能，进而促进了网络型资源领域最优递增阶梯定价设计的研究。只要这个等价性关系成立，最优 n 级递增阶梯定价，能过渡为最优 n 列两部制菜单定价设计问题，从而弱化递增阶梯定价中数量分割点与边际价格间的互动关联性。具体来说，最优二级和三级递增阶梯定价设计分别转化为最优两列和三列两部制菜单问题，这样，对评估和完善城镇居民阶梯电价（气价和水价）改革方案有很强的理论与现实意义。

最后指出两点：第一，递增阶梯定价与两部制菜单的等价性关系，只针对网络型提供资源定价领域，并以多部制递减定价与两部制菜单的等价性为基础。本文的等价性关系须具备前提和使用范围，比如，基于网络型资源的网络性和必需品特性，费用收取者才有能力收取特定消费量下的最高收费档；同时也不能保证适用于消费者需求存在外生性随机冲击的现实情形。需进一步研究随机需求和接入率并非 100% 等更现实的环境下递增阶梯定价是否与某个两部制菜单等价。第二，虽然旨在效率最大化的递减式定价文献向多产品（Wilson，1993；Armstrong，1999）、多维甄别（Rochet and Stole，2003）和竞争引入（Stole，2005）的拓展富有一些成果，但是力图兼顾效率与公平的递增式定价理论，仍未探讨多产品和多维信息不对称情形、存在竞争互动时结论的稳健性等问题。这两大点也许是递增阶梯定价理论研究的重要方向。

附 录

1. 定理 I 的证明

证明：不失一般性，分析完全连续可微的多部制，即完全非线性定价。在未考虑约束的修正性福利最大化问题中，由显示原理，任何连续递增定价 GK(x) 都可由讲真话的激励性定价机制 $\{[x(t),K(t)]\}$ 来实现。相应地，根据征税原理（Taxation Principle），规制者可主动放弃与代理人交流的机会，让代理人在递增定价 GK(x) 下直接选择消费量（Rochet，1985；Guesnerie，1995）。在正常条件下两种等效，因 $GK(x) = K[t^{-1}(x)]$。如果面临递增定价 GK(x)，消费者会和在直接显示机制 $\{[x(t),K(t)]\}$ 下做出相同的次优消费选择。的确，$GK'(x) = K'[t^{-1}(x)] \times t'(x)$，进而 $GK'(x) = \dfrac{K'(t)}{x'(t)}$ $\forall t \in T$。式（FOC_∞）两边对类型 t 取全微分，所得式代入上式，得消费者在递增定价 GK(x) 下所作次优消费决策时的一阶条件。

在网络型资源领域，虽然消费者的次优消费能在连续递增定价下实现。然而，现实中更多的是在线性的两部制菜单中进行选择。为了用两部制菜单实现次优结果，连续递增定价必须被由其切线构成的群组菜单所替代。由于在递增定价 GK(x) 上的任何次优消费点 x(t) 的切线斜率等于定价结构在相应点处的斜率，在两种机制下消费者 t 偏离次优消费 x(t) 的边际激励相等。此外，对应切线和定价结构 GK(x) 的值在次优消费点 x(t) 相等。故递增定价 GK(x) 与其切线群组菜单给消费者提供相同的信息租金。

现在，考虑递增定价 GK(x) 的切线群组菜单。连续递增定价上过任一消费点 $x_0 \geq 0$ 的切线方程为：

$$GK(x,x_0) = GK(x_0) + GK'(x_0)(x - x_0) \tag{A1-1}$$

面临线性定价合约族 $\{GK(*,x_0)\}$ 的消费者必须选择相应的最偏好切线和次优消费量。此时，消费者优化问题为：

$$\underset{\{(x,x_0)\} \in R_+^2}{\text{Max}} v(t,x) - GK(x,x_0)$$

这个问题的一阶（必要）条件为：

$$v_x(t,x) = GK'(x_0) \text{ 和 } GK''(x_0)(x - x_0) = 0 \tag{A1-2}$$

只要必要条件也是充分条件，消费者 t 的次优消费就为 $x = x_0 = x(t)$。要使一阶条件也是充分条件，让被优化函数 $J(t,x,x_0) = v(t,x) - GK(x,x_0)$ 在 (x,x_0) 上为凹是充分条件，或者让函数 $J(t,x,x_0)$ 在次优消费点 $(x,x_0) = [x(t),x(t)]$ 上的二阶偏导海赛阵：

$$H = \begin{bmatrix} \dfrac{\partial^2 J}{\partial x^2}, \dfrac{\partial^2 J}{\partial x \partial x_0} \\ \dfrac{\partial^2 J}{\partial x_0 \partial x}, \dfrac{\partial^2 J}{\partial x_0^2} \end{bmatrix}_{x=x_0=x(t)} = \begin{bmatrix} v_{xx}[t,x(t)], -GK''[x(t)] \\ -GK''[x(t)], GK''[x(t)] \end{bmatrix} \tag{A1-3}$$

严格负定是必要条件。只要 GK″[x(t)] > 0(价格递增)和 v_{xx}[t, x(t)] − GK″[x(t)] > 0，这点成立。最后一个不等式是消费者最优消费问题的二阶条件，自然满足。

这里的切线群组菜单就是两部制菜单，对应的修正性两部制为[A(x_0), p(x_0)] = [GK(x_0) − GK′(x_0)x_0, GK′(x_0)]。由于不同的 x_0 确定不同的两部制，故此两部制菜单的列数有无穷多。可见，在网络型资源领域，任意连续递增定价都能由最优的两部制菜单或线性合约菜单来实现。换言之，这些两部制菜单的上包络线恰好是给定的连续递增定价。证毕。

2. 定理 II 的证明

证明：将在激励相容的可行机制集内寻找某个机制 $\{[\widetilde{x}^i(t), \widetilde{B}_i(t)] | t \in T_i, i = 1, 2, \cdots, n\} \in (R_+^2)^n$ 使引理 II 成立。不失一般性，对于任意给定的 F ∈ Δ，特别选取消费配置 $x^i(t) \equiv \bar{x}^i = \int_{T_i} x(r)dF(r)/F^i\ \forall t \in T_i,\ \forall i \in I_n$，这体现第 i 个类型分割中的消费者消费恒定为在递增定价结构下的最优消费平均值。由于 $\bar{x}^i < x(t_{i+1}) < \bar{x}^{i+1}$，$\bar{x}^i$ 对 i 递增，那么总存在 $B_i(t)$ 使消费者 t ∈ T_i 在第 i 个阶梯的某点上消费是最佳决策，总选($\bar{x}^i, B_i(t)$)，也就是说消费配置 $\bar{x}^i$ 是激励相容的。

在不影响激励相容约束、个人理性约束和既定类型分割的情况下，可适当调整 $B_i(t)$ 的大小，使在 n 级递增阶梯定价和递增定价下的企业收入相等，即 $\sum_{i=1}^{n} \int_{T_i} B_i(t)dF(t) = \int_0^1 K(t)dF(t)$。此时，

$$L(F, n) = \int_0^1 M\{v[t, x(t)] - K[x(t)]\}dF(t) - \sum_{i=1}^{n} \int_{t_i}^{t_{i+1}} M[v(t, \bar{x}^i) -$$

$$B_i(t)]dF(t) = \sum_{i=1}^{n} \int_{t_i}^{t_{i+1}} M\{v[t, x(t)] - K[x(t)] -$$

$$M[v(t, \bar{x}^i) - B_i(t)]\}dF(t) \leq Z: = \sum_{i=1}^{n} \int_{t_i}^{t_{i+1}}$$

$$\{M(v[t, x(t)]) - M[v(t, \bar{x}^i)]\}dF(t) \quad (A2-1)$$

其中，不等式基于函数 M(∗) 的凹性和 $\sum_{i=1}^{n} \int_{T_i} B_i(t)dF(t) = \int_0^1 K(t)dF(t)$。由于 v(t, x) 和 M(v) 分别是 x 和 v 的凹函数，复合函数 N[t, x(t)] := M\{v[t, x(t)]\} 也是 x 的凹函数。为此，

$$N[t, x(t)] - N[t, x(r)] \leq N_2[t, x(r)][x(t) - x(r)] \quad (A2-2)$$

其中，$N_2[t, x(r)] = \partial N(t, x)/\partial x|_{x=x(r)}$，进而，

$$Z \equiv \sum_{i=1}^{n} \int_{t_i}^{t_{i+1}} \{N[t, x(t)] - N(t, \bar{x}^i)\}dF(t)$$

$$\leq \sum_{i=1}^{n} \int_{t_i}^{t_{i+1}} N_2[t,x(r)][x(t)] - \int_{T_i} x[(r)\mathrm{d}F(r)/F^i]\mathrm{d}F(t)$$

$$= \sum_{i=1}^{n} \int_{T_i}\int_{T_i} \{N_2[t,x(r)][x(t)-x(r)]\}\mathrm{d}F(r)\mathrm{d}F(t)/F^i \quad (A2-3)$$

为表述方便，现定义一个辅助函数 $H_i \equiv \int_{T_i}\int_{T_i} \{N_2[t,x(r)][x(t)-x(r)]\}\mathrm{d}F(r)\mathrm{d}F(t)$。

函数 $H_i(*)$ 可用数值积分梯形法则和泰勒级数近似等方法进行近似处理，从而论证其被一个阶数不超过 $1/n^2$ 的函数限定。在此采用常见的泰勒级数近似进行论证。

假定与类型分布概率 $s \in [0,1]$ 和 $y \in [0,1]$ 对应的类型分别为 $r(s) = F^{-1}(s)$ 和 $t(y) = F^{-1}(y)$，则辅助函数经换元和修改后为：

$$H_i(\theta_i) = \int_{q_i}^{q_i+\theta_i}\int_{q_i}^{q_i+\theta_i} N_2\{t(y),x[r(s)]\}\{x[t(y)] - x[r(s)]\}\mathrm{d}s\mathrm{d}y \quad (A2-4)$$

该函数是关于消费位于第 i 阶梯的消费者比重 $\theta_i \equiv F^i$ 的几乎处处连续可微函数。

为了简化表述，特别地假定类型分割均匀，$\theta_i = 1/n = = \theta$，此时，

$$H_i(\theta) \equiv H_i(\theta_i)|_{\theta_i=\theta} = \int_{q_i}^{q_i+\theta}\int_{q_i}^{q_i+\theta} N_2\{t(y),x[r(s)]\}\{x[t(y)] - x[r(s)]\}\mathrm{d}s\mathrm{d}y \quad (A2-5)$$

利用莱布尼茨积分法则，对函数 $H_i(\theta)$ 进行积分，有：

$$H'_i(\theta) \equiv \int_{q_i}^{q_i+\theta} N_2\{t(q_i+\theta),x[r(s)]\}\{x[t(q_i+\theta)] - x[r(s)]\}\mathrm{d}s +$$

$$\int_{q_i}^{q_i+\theta} N_2\{t(y),x[r(q_i+\theta)]\}\{x[t(y)] - x[r(q_i+\theta)]\}\mathrm{d}y \quad (A2-6)$$

为简化表述，定义：

$$\alpha(r,t) := \{N_{22}[t,x(r)][x(t)-x(r)] - N_2[t,x(r)]\}x'(r)/f(r)$$
$$\beta(r,t) := \{N_{21}[t,x(r)][x(t)-x(r)] + N_2[t,x(r)]\}x'(t)/f(t) \quad (A2-7)$$

其中，$N_{22}[t,x(r)] = \partial N_2(t,x)/\partial x|_{x=x(r)}$，$N_{21}[t,x(r)] = \partial N_2[t,x(r)]/\partial t$。

继续对辅助函数求二级和三级导数，分别为：

$$H''_i(\theta) = \int_{q_i}^{q_i+\theta} \alpha[r(q_i+\theta),t(s)]\mathrm{d}s + \int_{q_i}^{q_i+\theta} \beta[r(y),t(q_i+\theta)]\mathrm{d}y$$

$$H'''_i(\theta) = \int_{q_i}^{q_i+\theta} \alpha_1[r(q_i+\theta),t(s)]\mathrm{d}s/f[r(q_i+\theta)] + \int_{q_i}^{q_i+\theta} \beta_2[r(y),t(q_i+$$

$\theta)\,]\mathrm{d}y/f[\,t(q_i+\theta)\,]$

用泰勒定理，围绕 $\theta=0$ 对函数 $H_i(\theta)$ 进行扩展，并对其中的剩余项写为拉格朗日形式。有：

$$H_i(\theta)=H_i(0)+H'_i(0)\theta+H''_i(0)\theta^2/2+H'''_i(\varepsilon\theta)\theta^3/6 \tag{A2-8}$$

其中，$\varepsilon\in[0,1]$。

据上述求解过程：

$$H_i(0)=H'_i(0)=H''_i(0)=0,\text{从而}H_i(\theta)=H'''_i(\varepsilon\theta)\theta^3/6 \tag{A2-9}$$

由一般化的均值定理知，对于连续可微函数 $H'''_i(\varepsilon\theta)$，总存在 $\tilde{t}\in[t(q_i),t(q_i+\varepsilon\theta)]$ 和 $\tilde{r}\in[r(q_i),r(q_i+\varepsilon\theta)]$，使

$$\begin{aligned}H'''_i(\varepsilon\theta)=&\int_{q_i}^{q_i+\varepsilon\theta}\alpha_1[r(q_i+\varepsilon\theta),t(s)]\mathrm{d}s/f[r(q_i+\varepsilon\theta)]+\\&\int_{q_i}^{q_i+\varepsilon\theta}\beta_2[r(y),t(q_i+\varepsilon\theta)]\mathrm{d}y/f[t(q_i+\varepsilon\theta)]\\=&\varepsilon\theta\{\alpha_1[r(q_i+\varepsilon\theta),t(s)]/f[r(q_i+\varepsilon\theta)]+\\&\beta_2[r(y),t(q_i+\varepsilon\theta)]/f[t(q_i+\varepsilon\theta)]\}\end{aligned} \tag{A2-10}$$

由于函数 $v(t,x)$ 对 t 和 x 的一阶、二阶偏导函数，和 $x''(t)$ 和 $f''(t)$ 都有外生上边界，$\alpha_1(r,t)$ 和 $\beta_2(r,t)$ 也有外生上边界。所以 $H'''_i(\varepsilon\theta)=O(\varepsilon\theta)=O(\theta)$，有 $H_i(\theta)=O(\theta^4)$，进而

$$L(F,n)\leqslant Z\equiv\sum_{i=1}^{n}H_i(\theta)/\theta=O(\theta^2)=O(1/n^2) \tag{A2-11}$$

不难而知，$L(F,n)$ 幂的次数为整数，必然与阶梯数 n 有关，并增加 n 会加速地减少 $L(F,n)$。特别地，$n\to+\infty$，$L(F,n)\to 0$。$L(F,n)$ 的阶数 $\mathrm{Rank}\langle L(F,n)\rangle>1/n$，否则增加 n 并不会使 $L(F,n)$ 加速地减少，故 $L(F,n)=O(1/n^2)$。

最后指出，对于非均匀分割的一般情形，如上结论仍成立。因为对于任意分割，如 $\{\theta_1,\theta_2,\cdots,\theta_n\}$，其中 $0\leqslant\theta_i=F^i\leqslant 1$，$\sum_{i=1}^{n}\theta_i=1$。假定 $\theta=\mathrm{Min}\{\theta_1,\theta_2,\cdots,\theta_n\}$，则 $\theta_i=\delta_i\theta$ 和 $\theta=1/\sum_{i=1}^{n}\delta_i=O(1/n)$，其中参数 $\delta_i\geqslant 0$ 由分割方式唯一决定。所要构造的辅助函数 $\hat{H}_i(\theta)\equiv H_i(\theta_i)|_{\theta_i=\delta_i\theta}$，沿着相同的推演过程可得相似的结论。可见，在兼顾效率与公平的半福利主义等经济假设，以及一些技术假设下，用 n 级递增阶梯定价替代连续递增定价所致的最大修正性福利损失是 n 的平方倒数的同阶无穷小。证毕。

参考文献

[1] Armstrong, M., Price Discrimination by a Many-Product Firm [J]. *Review of Economic Studies*, 1999, 66 (1): 151-168.

[2] Armstrong, M., Recent Developments in the Economics of Price Discrimination [A]. Blundell, R., W. K. Newey and T. Persson (ed.), *Advances in Economics and Econometrics: Theory and Application* (Vol. 1) [C]. Ninth World Congress, Cambridge, UK: Cambridge University Press, 2006.

[3] Bergemann, D., J. Shen, Y. Xu and E. M. Yeh, Mechanism Design with Limited Information: The Case of Nonlinear Pricing [R]. Presented on 2nd International ICST Conference on Game Theory for Networks, Shanghai, 2011.

[4] Billings, R. B., D. E. Agthe, Price Elasticities for Water: A Case of Increasing Block Rates [J]. *Land Economics*, 1980, 56 (1): 73 – 84.

[5] Borenstein, S., To What Electricity Price Do Consumers Respond? Residential Demand Elasticity under Increasing – Block Pricing [R]. Preliminary Draft, Center for the Study of Energy Markets, UCEI., Berkeley, California, 2009.

[6] Borenstein, S., The Re – distributional Impact of Nonlinear Electricity Pricing [R]. *NBER Working Paper*, No. 15822, 2010.

[7] Bower, A. G., Procurement Policy and Contracting Efficiency [J]. *International Economic Review*, 1993, 34 (4): 873 – 901.

[8] Brown S. J., D. S. Sibley, *The Theory of Public Utility Pricing* [M]. Cambridge, UK: Cambridge University Press, 1986.

[9] Burtless, G., J. A. Hausman, The Effect of Taxation on Labor Supply: Evaluating the Gary Negative Income Tax Experiment [J]. *Journal of Political Economy*, 1978, 86 (6): 1103 – 1130.

[10] Chu, L. Y., D. E. M. Sappington, Simple Cost – Sharing Contracts [J]. *American Economic Review*, 2007, 97 (1): 419 – 428.

[11] Clay, K. B., D. S. Sibley and P. Srinagesh, Ex Post vs. Ex Ante Pricing: Optimal Calling Plans and Tapered Tariffs [J]. *Journal of Regulatory Economics*, 1992, 4 (2): 115 – 138.

[12] Faulhaber, G. R., J. C. Panzar, Optimal Two – Part Tariffs with Self – Selection [R]. *Bell Laboratories Economics Discussion Paper*, No. 74, 1977.

[13] Feldstein, M. S., Equity and Efficiency in Public Pricing: the Optimal Two – Part Tariff [J]. *Quarterly Journal of Economics*, 1972, 86 (2): 338 – 348.

[14] Gasmi, F., J. J. Laffont and W. W. Sharkey, Empirical Evaluation of Regulatory Regimes in Local Telecommunications Markets [J]. *Journal of Economics and Management Strategy*, 1999, 8 (1): 61 – 93.

[15] Goldman, M. B., H. E. Leland and D. S. Sibley, Optimal Nonuniform Pricing [J]. *Review of Economic Studies*, 1984, 51 (2): 305 – 319.

[16] Guesnerie, R., *A Contribution to the Pure Theory of Taxation* [M]. Cambridge, UK: Cambridge University Press, 1995.

[17] Herriges, J. A., K. K. King, Residential Demand for Electricity under Inverted Block Rates: Evidence from a Controlled Experiment [J]. *Journal of Business and Economic Statistics*, 1994, 12 (4): 419 – 430.

[18] Hewitt, J. A., W. M. Hanemann, A Discrete/ Continuous Choice Approach to Residential Water Demand under Block Rate Pricing [J]. *Land Economics*, 1995, 71 (2): 173 – 192.

[19] Hoppe, H., B. Moldovanu, E. Ozdenoren, Coarse Matching with Incomplete Information [J]. *Economic Theory*, 2010, 47 (1): 75–104.

[20] Kridel, D. J., D. E. Leman and D. L. Weisman, Option Value, Telecommunications Demand and Policy [J]. *Information Economics and Policy*, 1993, 5 (2): 125–144.

[21] Laffont, J. J., J. Tirole, Using Cost Observation to Regulate Firms [J]. *Journal of Political Economy*, 1986, 94: 614–641.

[22] Laffont, J. J., J. Tirole, *A Theory of Incentives in Procurement and Regulation* [M]. Cambridge, US: MIT Press, 1993.

[23] Lin Boqiang, Jiang Zhujun, Designation and Influence of Household Increasing Block Electricity Tariffs in China [J]. *Energy Policy*, 2012, 42 (March): 164–173.

[24] Maskin, E., J. Riley, Monopoly with Incomplete Information [J]. *Rand Journal of Economics*, 1984, 15 (2): 171–196.

[25] Meran, G., C. Von Hirschhausen, Increasing Block Tariffs in the Water Sector: A Semi–Welfarist Approach [R]. Discussion Paper, No. 902, DIW Berlin, 2009.

[26] Miravete, E. J., Screening Consumers through Alternative Pricing Mechanisms [J]. *Journal of Regulatory Economics*, 1996, 9 (2): 111–132.

[27] Mitchell, B. M., I. Vogelsang, *Telecommunications Pricing: Theory and Practice* [M]. Cambridge, UK: Cambridge University Press, 1991.

[28] Moffitt, R., The Econometrics of Piecewise–Linear Budget Constraint: A Survey and Exposition of Maximum Likelihood Method [J]. *Journal of Business and Economics Statistics*, 1986, 4 (3): 317–339.

[29] Moffitt, R., The Econometrics of Kinked Budget Constraint [J]. *Journal of Economics Perspectives*, 1990, 4 (2): 119–139.

[30] Mussa, M., S. Rosen, Monopoly and Product Quality [J]. *Journal of Economic Theory*, 1978, 18 (2): 301–317.

[31] Ng, Y. K., M. Weisser, Optimal Pricing with a Budget Constraint – the Case of the Two–part Tariff [J]. *Review of Economic Studies*, 1974, 41 (3): 337–345.

[32] Nordin, J. A., A Proposed Modification of Taylor's Demand Analysis: Comment [J]. *Bell Journal of Economics*, 1976, 7 (autumn): 719–721.

[33] Oi, W. Y., A Disneyland Dilemma: Two–Part Tariffs for a Mickey Mouse Monopoly [J]. *Quarterly Journal of Economics*, 1971, 85 (1): 77–96.

[34] Olmstead, S. M., W. M. Hanemann and R. N. Stavins, Water Demand under Alternative Price Structure [J]. *Journal of Environmental Economics and Management*, 2007, 54: 181–198.

[35] Reichelstain, S., Constructing Incentive Schemes for Government Contracts: An Application of Agency Theory [J]. *Accounting Review*, 1992, 67 (4): 712–731.

[36] Roche, J. C., The Taxation Principle and Multi–Time Hamilton–Jacoby Equations [J]. *Journal of Mathematical Economics*, 1985, 14: 113–128.

[37] Rochet, J. C., L. A. Stole, The Economics of Multidimensional Screening, [M]. Dewatripont, M., L. P. Hansen, S. J. Turnovsky (ed.), *Advances in Economics and Econometrics: Theory and Application* [C]. Eighth World Congress, Cambridge, UK: Cambridge Universi-

ty Press, 2003.

[38] Rogerson, W. P., Simple Menus of Contracts in Cost – Based Procurement and Regulation [J]. *American Economic Review*, 2003, 93 (3): 919 – 926.

[39] Sappington, D. E. M., D. L. Weisman, *Designing Incentive Regulation for the Telecommunication Industry* [M]. Cambridge, US: MIT Press, 1996.

[40] Seung – HoonYoo, Joo Suk Lee, Seung – Jun Kwak, Estimation of residential electricity demand function Seoul by correction for sample selection bias [J]. *Energy Policy*, 2007, 35: 5702 – 5707.

[41] Stole, L. A., Nonlinear Pricing and Oligopoly [J]. *Journal of Economics and Management Strategy*, 1995, 4 (4): 529 – 562.

[42] Stole, L. A., Price Discrimination in Competitive Environments [A]. Armstrong, M., R. H. Porter (eds.), *Handbook of Industrial Organization* (Vol. 3) [C]. North – Holland, 2005.

[43] Sun Chuanwang, Lin Boqiang, Reforming Residential Electricity Tariff in China: Block Tariffs Pricing Approach [J]. *Energy Policy*, 2013, 60 (September): 741 – 752.

[44] Taylor, D., Demand for Electricity: A Survey [J]. *Bell Journal of Economics*, 1975, 6: 74 – 110.

[45] Tirole, J. J., *The Theory of Industrial Organization* [M]. Cambridge, US: MIT Press, 1988.

[46] Train, K. E., M. Ben – Akiva and D. L. McFadden, The Demand for Local Telephone Service: A Fully Discrete Model of Residential Calling Patterns and Service Choices [J]. *Rand Journal of Economics*, 1987, 18 (1): 109 – 123.

[47] Vaage, K., Heating Technology and Energy Use: ADiscrete/Continuous Choice Approach to Norwegian Household Energy Demand [J]. *Energy Economics*, 2000, 22: 649 – 666.

[48] Werning, I., Pareto Efficient Income Taxation [R]. *Working Paper*, MIT, April, 2007.

[49] Willig, R., Pareto Superior Nonlinear Outlay Schedules [J]. *Bell Journal of Economics*, 1978, 9 (1): 56 – 69.

[50] Wilson, R., *Nonlinear Pricing* [M]. Oxford, New York: Oxford University Press, 1993.

[51] Wong, A. C. L., The Choice of the Number of Varieties: Justifying Simple Mechanisms [J]. *Journal of Mathematical Economics*, 2014, 54: 7.

[52] 方燕. 递增阶梯定价理论 [M]. 金琅学术出版社, 2017.

[53] 方燕, 张昕竹. 递增阶梯定价: 一个综述 [J]. 经济评论, 2011, 5: 130 – 138.

[54] 方燕, 张昕竹. 递增定价机制、交易成本与递增阶梯定价的渐近有效性 [J]. 世界经济, 2014, 7: 167 – 192.

[55] 方燕, 张昕竹. 公正性、不对称信息与递增定价机制 [J]. 世界经济, 2012, 9: 121 – 142.

[56] 国家发展与改革委员会. 居民生活用电实行阶梯定价的指导意见 (征求意见稿) [N]. 国家发改委网站, 2010.

[57] 黄海涛. 居民分时阶梯电价联合优化模型研究 [J]. 电网技术, 2012, 36

(10): 253 – 258.

[58] 马源. 非线性定价下的移动通信需求行为研究 [D]. 中国社科院研究生院博士论文, 2008.

[59] 刘自敏, 张昕竹. 纯分时定价与分时阶梯定价对政策目标实现的对比分析 [J]. 数量经济与技术经济研究, 2015a (4): 27 – 40.

[60] 刘自敏, 张昕竹, 方燕, 田露露. 递增阶梯定价、收入再分配效应和效率成本估算 [J]. 经济学动态, 2015b, (3): 31 – 43.

[61] 田露露, 张昕竹. 递增阶梯定价研究综述——估计方法、价格选择及实施效果测算 [J]. 产业经济评论, 2015 (1): 1 – 11.

[62] 张昕竹. 阶梯定价、实时定价及其影响 [J]. 改革, 2011 (3): 121 – 125.

[63] 张昕竹, 冯永晟, 马源. 非线性定价下的需求分析 [R]. 中国社会科学院规制与竞争研究中心, 2007.

[64] 张昕竹, 冯永晟, 马源. 最优资费设计 [R]. 中国社科院规制与竞争研究中心, 2008.

[65] 张昕竹, 刘自敏. 分时与阶梯混合定价下的居民电力需求: 基于DCC模型的分析 [J]. 经济研究, 2015 (3): 146 – 158.

Network Resources, Increasing Block Tariff and Menu of Two – Part Tariffs: Equivalency

Yan FANG

(School of Economics and Management of Beijing Jiaotong University, Beijing 100044)

Abstract: Under asymmetric information on consumers' income, this paper investigates the implementation of increasing block pricing mechanismby balancing efficiency and equality. In particular, we prove that for provided – by – network resources, increasing block tariff is equivalent some menu of two – part tariffs. This result transforms the design of increasing block pricinginto equivalent menu of two – part tariffs. Our resultsignificantly simplifies the design of optimal increasing block pricingin provided – by – network resourcesand facilitates the assessment and improvement of increasing block pricing reform in supplyelectricity, water and so on.

Key words: Provided – by – Network Resources; Increasing Block Tariff; Menu of Two – Part Tariffs; Equivalency

JEL Classification: L51, D4

激励约束机制对公司效率影响的随机前沿分析
——以家电行业为例

刘凤芹 关璧麟

（东北财经大学经济学院，辽宁 大连 116025）

摘要 本文以2014—2016年中国家用电器行业中的29家上市公司为样本，运用随机前沿模型实证分析了管理层激励约束对公司效率的影响。估计结果显示，薪酬激励显著提升了公司的效率，而股权激励与公司效率呈"U"形关系；资本市场压力有利于公司效率的提高，大股东控制权与公司效率正相关，且不存在倒"U"形关系。这表明在中国家用电器行业的上市公司中，管理层薪酬具有较好的激励效果，股权激励机制有待进一步完善；资本市场压力与大股东控制起到了较好的约束作用。

关键词 公司效率；激励约束；随机前沿分析

一 引言

所有权和经营权分离是现代企业的重要特征，企业效率受到管理层经营管理水平影响。企业所有者与管理者之间的契约关系主要是通过对管理层的激励与约束来实现的。企业所有者对管理者的激励与约束关系到管理者的决策成本与收益，进而直接影响管理层的决策动机和努力水平，这些因素最后会作用于企业绩效。对于追求财富最大化的股东来说，如何在保持企业控制权的情况下实施合理的激励以最优化管理层行为、最大限度地减少代理成本，是每个企业都要面临的重要问题。

对于上市公司来说，管理层激励与约束作为缓解代理问题的重要手段，

[作者简介] 刘凤芹，东北财经大学经济学院教授；关璧麟，东北财经大学经济学院博士研究生。

日益受到广泛关注。由于中国家电行业受到政府行政干预较少、竞争比较充分，所以，本文以家电行业上市公司为样本对上市公司效率问题进行研究。中国家电行业上市公司对管理层激励和约束情况如何？存在什么特点？通过对家电行业上市公司对管理层激励和约束行为的效果进行测度和评价，本文进一步探究提升公司效率的可行性操作路径。这对完善中国上市公司治理水平、提高企业竞争力具有重要的理论和实践意义。

二　文献综述

国内外学者针对管理层薪酬、持股与企业绩效的关系开展了大量研究，研究结论不尽一致，大致分为不相关、正相关两类。Jensen 和 Meckling（1976）最早使用委托—代理框架分析了管理层与股东之间的冲突，指出由于利益目标不一致以及信息不对称，公司的经理存在道德风险和逆向选择行为，从而使委托—代理问题不可避免。从管理层激励与公司绩效的联系来看，较早的研究如 Ciscell 和 Carrol（1980）研究发现，企业销售收入与经理报酬具有正相关关系。Jensen 和 Murphy（1990）具体考察了现金报酬、内部持股方案和解雇威胁所产生的激励与约束效应，指出薪酬变化对公司业绩变化不敏感。Morck 等（1998）发现，管理层持股对公司价值不仅线性相关，还存在着区间效应。Aggarwal 和 Samwich（1999）研究发现，企业绩效风险是决定管理层薪酬的重要因素，绩效风险越大，经理薪酬与企业业绩关联度越低。Habib 和 Ljungqvist（2005）采用随机前沿的方法进一步从内部激励和外部约束两个方面估计了管理层激励对公司效率的影响，发现在美国证券市场中管理层激励大大提高了公司的效率。Jackson 等（2008）、Giorgio 和 Arman（2008）等研究也认为，对管理层的薪酬激励提升了企业业绩。

国内学者的研究主要集中在 20 世纪 90 年代以后，研究的内容主要为管理层激励与公司绩效之间的关系。魏刚（2000）、于东智和谷立日（2001）、徐向艺（2007）等经过实证研究发现，中国上市公司管理层持股和薪酬水平与公司业绩无显著正相关关系；顾斌、周立烨（2007）利用比较分析法对管理层持股与企业绩效之间的关联性进行考察，发现两者相关关系不显著。而张晖明和陈志广（2002）、张俊瑞等（2003）的实证分析结果表明，管理层持股及薪酬激励有利于提升公司绩效；俞鸿琳（2006）、吕长江（2009）、王红等（2014）实证分析了管理层持股对企业业绩的具体影响，发现管理层持股与企业业绩正相关。

探讨管理层激励对企业业绩影响的研究较多，而在管理层约束方面，现有文献主要从融资约束、债券约束、管理层收购（MBO）或董事会等内部约束角度进行研究，对管理层外部约束的关注较少，而综合考虑管理层激励和外部约束对企业效率影响的研究更显匮乏。

综上所述，关于中国上市公司管理层激励与公司绩效的实证研究方面，学者的研究未能达成一致的结论。这可能是由于：第一，实证估计结果会随着研究样本的变化而变化。除管理层激励外，不同时段、不同行业之间的特征不同，会导致估计结果不同。第二，对企业业绩指标的影响因素考虑不全。企业规模、财务状况等因素都会影响企业绩效，遗漏重要控制变量会导致研究结果出现偏差。第三，中国证券市场还不够成熟。在二元股权结构下，常用指标如托宾 Q 值无法有效衡量公司市场价值、财务业绩指标如总资产收益率（ROA）、净资产收益率（ROE）又易受到人为操纵。

因此，采用相对客观且难以操纵的指标，并采取有效的工具进行实证分析就十分重要。随机前沿技术通过分析公司之间效率的相对差异，不仅可以测算出每个个体的技术效率，还可以定量分析各种相关因素对个体间效率差异的具体影响，从而进一步研究造成这种差异的影响因素。这样，就把对效率的影响因素与决定因素分离开来。已有不少学者使用该技术研究管理层激励和企业效率之间的关系。本文采用随机前沿技术，从两个方面考察家用电器行业管理层激励和外部约束对公司效率的影响，丰富了这一领域的实证研究。

三 模型设定与变量描述

（一）模型构建

公司效率揭示的含义比较广泛，涵盖的内容通常包括技术效率、经营效率、规模效率、配置效率等。本文从技术效率的角度研究管理层激励和约束对企业绩效的影响。技术效率主要用于衡量某一企业在等量要素投入条件下，实际产出与最大产出的距离，距离越小，则技术效率越高。对于技术效率的测量有两种方法：一种是非参数方法，以数据包络分析法（DEA）为代表；另一种是参数法，以随机前沿分析（SFA）为代表。SFA 方法由 Meeusen 和 Broeck（1977），Aigner、Lovell 和 Schmidt（1977）、Battese 和 Corra（1977）等提出，经过进一步发展，SFA 不仅可以测算每个个体的技术效率，还可以对造成个体间效率差异的影响因素进行定量分析。其中，Battese 和 Coelli（1995）的模型运用最为广泛，具体形式如下：

$$Y_{it} = X_{it}\beta + (V_{it} - U_{it}), \quad i = 1, \cdots, N; \quad t = 1, \cdots, T \tag{1}$$

$$m_{it} = Z_{it}\delta \tag{2}$$

式（1）中，Y_{it} 是以对数表示的第 i 个公司第 t 期产出，X_{it} 指第 i 个公司第 t 期投入的 $k \times 1$ 转置向量，β 为待估计参数。随机变量 $V_{it} \in iid$ 并服从 $N(m_{it}, \sigma U^2)$ 正半部截断分布，U_{it} 反映 t 时期内影响第 i 个公司的随机因素，则 $TE_{it} = exp(-U_{it})$ 表示样本中第 i 个公司第 t 期的效率水平。若 $U_{it} = 0$，则

$TE_{it}=1$,公司恰好处于生产前沿上;若$U_{it}>0$,则$0<TE_{it}<1$,为技术非效率状态。式(2)中,Z_{it}为影响公司效率的向量,δ是待估计的$1\times P$阶参数。

本文采用SFA方法的原因是:第一,可以对效率及影响效率的技术非效率项进行系统分析,考察管理层激励和约束的哪些具体因素影响了公司的绩效,以及它们是如何影响公司绩效的。第二,SFA衡量的是公司效率的相对差异,模型中不需要包括影响效率的全部因素,可以避免其他研究方法对公司效率影响因素考虑不全面的缺陷。根据Battese和Coelli(1995)的模型,本文选择结构灵活、拟合性较好的超对数生产函数作为主函数形式,构建的随机前沿模型为:

$$\ln(Y_{it}) = \beta_0 + \beta_1 \ln K_{it} + \beta_2 \ln L_{it} + \frac{1}{2}\beta_3 \ln K_{it}^2 + \frac{1}{2}\beta_4 \ln L_{it}^2 + \beta_5 \ln K_{it} \ln L_{it} + (V_{it} - U_{it}) \tag{3}$$

$$m_{it} = \alpha_0 + \alpha_1 stock + \alpha_2 (stock)^2 + \alpha_3 pay + \alpha_4 circulation + \alpha_5 concentration + \alpha_6 concetration^2 + \alpha_7 \ln size + \alpha_8 leverage + \varepsilon_{it} \tag{4}$$

式(3)为随机前沿模型的主体部分,是在不考虑非效率影响因素下对公司效率进行的测度和分析。Y_{it}为产出变量,用公司的主营业务利润代表;K_{it}为资本投入,用公司年末固定资产净额代表;L_{it}为劳动投入,用公司年末员工人数代表。

式(4)为随机前沿模型的技术非效率部分,与式(3)相结合可以测量并分析在存在非效率影响因素下的企业效率。式(4)考察管理层激励和约束两方面因素对公司效率的影响。在现阶段的中国证券市场中,管理层年薪和持股是上市公司对管理层激励的主要手段,本文用这两个变量来分析公司对管理层的激励效果。与激励相对应,对管理层的约束作用也会影响管理层所做决策,从而影响公司效率。第一类为市场约束,表现为资本市场压力;第二类为股权集中程度,来源于大股东控制权。此外,本文引入年末总资产代表公司规模,以控制公司规模对公司运营效率的影响;引入资产负债率以控制杠杆效应的影响。具体如下:

stock因素及其平方项,用公司管理层持股数量占总股本的比值表示。引入该变量及其平方项便于考察管理层持股对公司效率的综合影响,因为管理层的不同持股比例可能对公司效率有不同的影响效果。一方面,管理层持股使管理者利益与股东利益趋于一致,这种"利益趋同效应"有利于解决委托—代理中由于信息不对称造成的激励约束问题,有利于提高公司效率。另一方面,管理层持股比例也不是越高越好。因为随着管理者股权的增加,有可能产生"隧道效应",即大股东侵占中小股东或债权人利益,损害公司效率和长期价值。尤其是在中国国有资产存在多重委托—代理的情况下,管理层持股比例过高会产生"内部人控制"效应,表现为管理层在做出决策时可能为了自身利益而侵害外部股东的权益,这与公司效率增长相背离。综上所述,管理层持股比例与公司效率的关系有待于实证估计具体结果,但预计管理层持股比例与公司效率正相关,其平方项与公司效率负相关。

pay 因素,用公司管理层税前年度平均现金报酬表示。该变量可以测度公司管理层平均薪酬与公司效率的关系。从家电行业上市公司披露的 2016 年年报看出,美的集团董事长方洪波以 766 万元位居董事长年薪之首,格力电器董事长董明珠以 619 万元位居其次,而创维数字董事长年薪仅为 11 万元,与最高者相差 70 倍。这一现象反映了各上市公司越来越多地对管理层使用显性而正规的高薪激励。在实践中,如果高额年薪伴随着相应的业绩考核指标,则对管理层来说,既是激励又是压力。正规化的高额年薪有利于消除管理层为谋取个人利益而损害公司利益的倾向。因此,预计管理层薪酬水平与公司效率正相关。

circulation 因素,用无限售条件流通股份占总股本之比表示。该变量测度的是资本市场压力对公司效率的影响。Habib 和 Ljungqvist(2005)使用美国上市公司退市比率来代表公司面临的资本市场压力,而中国相当一部分上市公司的股份存在限售条件,不能在二级证券市场上自由流通。理论上说,如果一家上市公司的不可流通股份比率过高(大于 50%),则该公司就可以完全规避二级证券市场的接管和收购。实际情况是,2014—2016 年中国家电行业上市公司流通股比例的均值为 71%。从这一情况来看,中国家电行业的大部分上市公司面临来自证券市场较大的接管和收购压力。这一变量所反映的事实是,流通股比例越高,公司管理层面临的资本市场压力越大,就越有动力发挥管理才能以提高公司绩效,预计该变量与公司绩效正相关。

concentration 因素及其平方项,用第一大股东持股数量占总股本的比值来表示。引入该变量及其平方项是为了测度大股东控制对公司效率的综合影响,大股东控制权对公司效率也可能有不同的影响效果。一方面,通过集中股权,在面临对管理者的监督时,大股东持股比例较高有利于避免小股东"搭便车"问题,使其有更大的激励保证股东权益,有利于提高公司效率。但理论上说,大股东持股比例也不是越高越好,因为大股东持股比例过高会强化"内部人效应",即内部人可能为了自身利益通过内部交易而侵害外部股东的权益,损害公司效率和长期价值。因此,大股东控制权对公司效率的影响有待考察,预计第一大股东持股比例与公司效率正相关,其平方项与公司效率负相关。

为更好地度量不同公司效率的差异,本文引入两个控制变量:size 因素,用公司年末总资产来表示,以控制公司规模对公司运营效率的影响;leverage 因素,用公司资产负债率来表示,以控制杠杆效应对效率的影响。

(二)数据来源及变量描述

1. 数据及来源

本文主要考察管理层激励和约束对公司技术效率的影响,根据国证指数的行业分类，选择耐用消费品项下的家用电器类，以 2014—2016 年间 29 家家电类上市公司作为样本，共计 87 个样本点。在整理数据时发现，由于在 2014 年以前，家电行业上市公司尚未普遍使用股权激励，且实施股权激励的公司中管理层持股数量较少，不能准确地反映股权激励的效果。因此，本文使用 2014—2016 年数据进行研究。

选择样本遵循的原则为：首先，确保上市公司的主营业务在所选年份无变更，以保证变量之间的行业一致性；其次，排除行政干预、行业差别、市场化程度等因素对研究结果的干扰；最后，数据的公开性、真实性、连续性。基于以上考虑，本文选取中国市场上竞争较为充分、行政干预较弱的家电行业作为研究样本。文中所有原始数据均来自 2014—2016 年度上市公司年报，使用的运算软件为 Frontier 4.1。

2. 变量定义及计算

（1）主函数部分相关变量定义如下：

Y_{it} 为上市公司某年主营业务利润（单位：元），因数值较大，对其取对数处理；

K_{it} 为上市公司某年年末固定资产净额（单位：元），取对数处理；

L_{it} 为上市公司某年年末员工总人数（单位：人），取对数处理。

（2）效率函数部分相关变量定义如下：

stock 用管理层持股数与总股本的比值表示。对管理层的统计包括上市公司的董事、监事以及年报中披露的高级管理人员，独立董事不包括在内。$stock^2$ 为该比值的平方。

pay 为某一公司管理层平均年薪（税前）与整个样本中管理层平均年薪的比值。某一上市公司管理层的平均年薪的计算方式为：管理层年度薪酬总和（不包括独立董事）与管理层人数的比值。

circulation 为流通股比率，用无限售条件流通股数与总股本的比值表示。

concentration 为大股东控制权，用第一大股东持股数量与总股本比值表示；$concentration^2$ 为该比值的平方。

size 为上市公司某年年末总资产（单位：元），取对数处理。

leverage 为上市公司资产负债率，用总负债与总资产的比值表示。

3. 描述性统计

本文对中国 2014—2016 年家电行业上市公司样本的所选变量进行了描述性统计分析，结果见表 1。

根据表 1 的描述性统计结果发现，中国家用电器上市公司在主营业务利润、固定资产净额、员工数、年末总资产和资产负债率等方面存在显著的两极分化现象。例如，上市公司的主营业务利润从 1100 万元变化到 400 多亿元；固定资产净额由 1 亿多元变化到 200 多亿元；员工数分布在 400 多人到 10 万多人之间不等；年末总资产由 4 亿元变化到接近 2000 亿元不等。

表 1　　　　　　　　　　样本变量的描述性统计

	观测值	均值	标准差	最小值	最大值
主营业务利润（亿元）	87	47.5195	105.1552	0.1077	483.6581
固定资产净额（亿元）	87	25.7422	50.6190	1.0643	216.3752
年末职工数（人）	87	14314	23583	419	108120
年末总资产（亿元）	87	170.9465	372.0744	4.4007	1706.0071
资产负债率（%）	87	45.5249	16.9644	4.9651	72.0627
管理层平均年薪（万元）	87	72.1797	68.3572	14.6658	292.5089
管理层持股比率（%）	87	11.3944	20.9778	0	74.3181
流通股占比（%）	87	70.9996	32.8956	10.2200	1
第一大股东持股比率（%）	87	36.0867	16.3494	14.6800	90.0000

非效率项 2014—2016 年均值趋势对比

年份	2014	2015	2016
管理层年薪（万元）	67.9152	75.0011	73.6230
管理层持股比率（%）	11.3100	11.6500	11.2300
流通股占比（%）	66.4000	74.5000	72.1000
第一大股东持股比率（%）	38.7900	36.3300	33.1400

资料来源：根据上市公司 2014—2016 年年报计算得出。

从选取变量的变化趋势看出：首先，中国家电行业上市公司管理层的货币薪酬水平整体呈现上涨趋势，说明货币薪酬逐渐发挥越来越重要的激励作用。其次，相对于有所提高的年薪水平，管理层持股比例的平均值基本保持稳定。其中，不少企业未授予管理层股权，管理层的零持股现象不在少数。最后，无限售流通股占总股本的比例有所上升，说明家电行业上市公司面临的资本市场约束逐渐增强，市场竞争机制发挥越来越大的作用。与此同时，上市公司的第一大股东持股比例却在逐年下降，大股东控制力减弱，股权集中度相对下降。这表明家电行业上市公司持股逐渐分散化，市场自由竞争程度越来越高。

四　实证结果与分析

根据上文构建的随机前沿分析模型，本文测算 2014—2016 年中国家电行业上市公司对管理层激励和约束对公司效率的具体影响。在具体的实证分析中，本文先后估计了三个方程，具体结果详见表 2。

表2　　　　　　　　　　　　变量的估计和检验结果

	方程（1） 估计系数	方程（1） 标准差	方程（2） 估计系数 主函数	方程（2） 标准差	方程（3） 估计系数	方程（3） 标准差
常数项	-0.8101	7.7806	24.5603	7.8050***	-0.6390	2.7086***
$\ln K$	1.0227	0.3403***	-0.2499	0.3912	0.9195	0.0390***
$\ln L$	1.1419	0.8565	-1.0637	0.6076*	2.0187	0.1838***
$\ln K^2$	-0.0578	0.0134***	-0.0570	0.0083***	-0.0978	0.0251***
$\ln L^2$	-0.0169	0.0114	0.0325	0.0049***	0.1911	0.0498***
$\ln K \times \ln L$	-0.0382	0.0379	0.0712	0.0316**	-0.0710	0.0061***
非效率项						
常数项	7.2910	3.9317*	15.3031	2.4001***	12.6516	1.2618***
激励变量：						
stock	4.3248	2.2127*	—	—	1.8801	0.4762***
stock^2	-6.3855	3.7268*	—	—	-4.2260	0.9451***
pay	-0.9260	0.2484***	—	—	-0.4443	0.0792***
约束变量：						
circulation	—	—	-0.8971	0.2698***	-0.7293	0.3379**
concentration	—	—	-3.3159	1.8614*	0.5767	0.7211
concentration^2	—	—	0.0920	2.1339	-2.7771	0.8494***
控制变量：						
lnsize	-0.2741	0.1796	-0.5434	0.1122***	-0.4549	0.4617***
leverage	0.0790	0.0088	-0.0042	0.0066	0.0121	0.0081
σ^2	0.6358	0.1518***	0.4576	0.0859***	0.2803	0.0538***
γ	0.9260	0.00***	0.9380	0.00***	0.9500	0.00***
最大似然函数	68.6960		65.7820		-59.4666	
LR	53.7410***		59.5689***		72.1998***	

注：*、**、***分别表示在10%、5%、1%的水平上显著；LR统计值服从单边χ^2分布。

资料来源：笔者计算而得。

方程（1）只分析了管理层内部激励因素对公司效率的影响，方程（2）只分析了管理层约束对公司效率的影响；而方程（3）则同时考虑了管理层激励和约束对公司效率的影响。表2可分为三个组成部分：第一部分是主函数部分，为超对数生产函数，包括固定资产、员工人数及其平方项和交叉项；第二部分是效率函数部分，包括管理层持股比率及其平方项、管理层平均年薪、无限售流通股比例和大股东持股比例及其平方项；第三部分是与估计结果相关的几个重要统计值。根据表2的估计结果分析如下：

第一，从方程整体估计结果来看，表2中 γ 的估计值非常相近，均高于0.9，表明模型都在1%的水平上通过了显著性检验。根据 Battese 和 Coelli（1995）的模型中关于参数 γ 的定义，可以充分判断中国家电行业上市公司的确存在技术非效率现象，这说明了在效率提升方面仍有巨大的潜力，这也证明了使用 SFA 技术进行分析的合理性。另外三个方程的 LR 统计值较为接近，且均通过了1%的水平显著性检验，从而保证了模型估计的整体有效性。

第二，管理层股权激励与公司效率的关系，估计结果详见方程（1）和方程（3）。基于两个方程的估计结果，管理层持股比率与公司效率呈负相关关系，管理层持股比率的二次项与公司效率正相关，这表明管理层持股比率与公司效率呈现"U"形关系。根据表1的描述性统计分析结果看出，管理层持股比例有下降趋势，说明较多高管选择出售股票，而管理层持股时限较短，会使上市公司的股权激励效果减弱；再对样本数据进行统计发现，在2014—2016年，共有12家上市公司管理层减持了股票，11家持股比例不变，仅有6家公司增持股票。这可能是造成管理层持股比例与公司效率负相关的原因，而管理层持股比例的增加才会使产生利益趋同效应，体现股权激励的正面影响，从而提升公司效率。总体来说，管理层持股对公司效率的综合影响比较复杂，具体有待进一步实证考察。

第三，管理层薪酬与公司效率的关系，估计结果详见方程（1）和方程（3）。两个方程的估计结果与事前预期相符，即管理层年薪与公司效率显著正相关。说明在现阶段中国家电行业上市公司中，与普通员工收入拉开差距，提高管理层正式收入水平，能够起到较好的激励效果，提升公司效率。但需要指出的是，变量 pay 的系数较小，说明管理层年薪对提高公司效率的贡献水平有限。对于管理层年薪激励作用的制约因素，本文做出以下推断：一是管理层薪酬效应的良好发挥需要完善的业绩考核标准，以便将管理层年薪与企业绩效相挂钩，但管理层可能利用权力干预薪酬契约的制定，使薪酬契约的前提缺乏科学性；二是中国上市公司实施薪酬激励的年限较短，实行薪酬激励的公司数量较少，对管理层年薪激励尚未发挥应有效果；三是公司业绩指标可能受到人为操纵，导致在实践中难以将管理层薪酬激励与企业绩效相对应。

第四，资本市场压力与公司效率的关系，估计结果参见方程（2）和方程（3）。两个方程的估计结果均与事前预期结果相符，即资本市场压力与公司效率正相关。根据样本数据情况，在2014—2016年中国家用电器行业上市公司中，无限售流通股占比依次为 66.4%、74.5% 和 72.1%。一方面，当非限售流通股比率大于控股大股东持股比例时，来自资本市场上接管和收购的压力确实存在，这会促使公司管理层尽职尽责，规避市场风险；另一方面，当大股东绝对控股时，从理论上说，不存在二级证券市场上的接管和收购风险，但公司管理层仍面临着一定的资本市场压力。因为如果由于管理层的不尽责导致公司业绩太差，公司可能会被冠以"ST"，甚至面临退市风险。而且证券市场上的中小股东也会采取"用脚投票"的方式出售股票，使股价下跌。这都可能导致控股股东更换管理层，或对公司进行改制重组，使管理层面临失业风险。因此，在面临竞争较为充分的家电行业，管理层是无法完全规避资本市场压力的。

第五，大股东控制权与公司效率的关系，估计结果参见方程（2）和方程（3），基本与事先预期的结果相符。第一大股东持股比例的平方与公司效率显著正相关，这说明大股东控制权约束对公司效率的影响更多地表现为正向的激励效应，而非负项的侵害效应。可能的原因是，在 2006 年的股权分置改革完成之后，限售流通股比例和内部人持股比例均逐渐降低，使能够绝对控股的大股东很少，因此，控股股东的侵害效应被降低。再对照数据发现，2016 年中国家电行业上市公司第一大股东处于绝对控股地位（大于 50%）的只有 3 家，其他 26 家上市公司的第一大股东都只是相对控股。股价上涨的财富效应使大中小股东的利益趋于一致，通过集中股权，大股东有较大的激励获得公司的剩余索取权。相应地，其"掏空"上市公司的边际成本提高，这在很大程度上限制了大股东为追求私人利益而损害中小股东利益的行为，结果是大股东很可能直接参与公司的经营管理，并辅之对公司管理层进行有效的监督，最终有利于提高公司的效率。

最后，本文对 2014—2016 年选取的 29 家上市公司的技术效率进行了排序，结果详见表 3。

表 3   家电行业样本公司技术效率排序

排名	公司名称	2014 年	2015 年	2016 年	均值
1	老板电器	0.9487	0.8935	0.9900	0.9441
2	万家乐	0.9900	0.7688	0.9900	0.9163
3	九阳股份	0.6817	0.9759	0.9980	0.8852
4	小天鹅 A	0.7392	0.7685	0.9769	0.8282
5	青岛海尔	0.9991	0.7053	0.7287	0.8110
6	小天鹅 B	0.6162	0.7767	0.9041	0.7657
7	格力电器	0.9995	0.5970	0.6581	0.7515

续表

排名	公司名称	2014 年	2015 年	2016 年	均值
8	美的集团	0.7183	0.5565	0.6696	0.6482
9	飞科电器	0.4891	0.5064	0.5862	0.5272
10	惠而浦	0.6584	0.4033	0.3590	0.4736
11	海信科龙	0.3881	0.3709	0.3971	0.3854
12	美菱电器	0.4778	0.2785	0.3292	0.3618
13	澳柯玛	0.4321	0.3345	0.3070	0.3579
14	奥马电器	0.3840	0.3164	0.3277	0.3427
15	浙江美大	0.3264	0.3056	0.3900	0.3407
16	皖美菱 B	0.3965	0.2890	0.2947	0.3267
17	日出东方	0.4025	0.2749	0.2704	0.3160
18	闽灿坤 B	0.2986	0.2405	0.2964	0.2785
19	莱克电气	0.2531	0.2132	0.3368	0.2677
20	德奥通航	0.2592	0.2233	0.2865	0.2563
21	奋达科技	0.2829	0.1907	0.1784	0.2173
22	国盛金控	0.2885	0.2251	0.0929	0.2022
23	天际股份	0.2442	0.1484	0.1362	0.1763
24	和晶科技	0.1314	0.1353	0.2614	0.1761
25	东方电热	0.2297	0.1380	0.1083	0.1587
26	新宝股份	0.1445	0.1358	0.1680	0.1494
27	长青集团	0.0782	0.0959	0.0848	0.0863
28	德豪润达	0.0620	0.0523	0.0492	0.0545
29	*ST 圣莱	0.0619	0.0583	0.0346	0.0516

均值 = 0.4158

资料来源：笔者整理。

可以看出，在考虑管理层激励与约束因素之后，中国家电行业上市公司的技术效率差异显著。这说明每家上市公司在不同的股本及股权结构、资产规模、债务比率下，管理层面临着不同的市场、股权、债权约束，因而管理层的薪酬水平、是否持股以及持股比例多少对公司的效率均有不同影响。也就是说，在发挥管理层激励及约束作用对公司效率的提升方面，很多公司还存在巨大的改进和完善的空间。

五 研究结论与政策启示

本文对激励约束机制与公司效率的关系进行了理论探讨和实证研究。本文首先从理论层面探讨了管理层持股和管理层薪酬水平与公司效率之间的关系。在内部激励因素方面，本文发现，在中国现阶段的上市公司中，股票、年薪等仍然是管理层激励的主要内容，而期权、期股等更为科学的激励手段尚未成为管理层激励的普遍方式。其次，在理论分析中，又从内外部约束方面分析了两者与公司效率的关系。本文结合中国证券市场特征，尝试将资本市场压力和大股东控制两类外约束引入，并将管理层激励约束对公司效率的影响进行综合分析，从而丰富了对管理层或激励或约束比较单一的研究视角。在实证分析中，对管理层激励对公司绩效的考察方法，也有别于使用较多的多元线性回归分析方法，采用了基于平衡面板数据的随机前沿分析，估计了在中国家电行业上市公司中，管理层持股、年薪、资本市场约束与大股东控制权四个因素对公司效率的具体影响。

本文通过考察管理层激励约束机制对公司效率的具体影响，对2014—2016年中国家电行业上市公司的技术效率进行了实证分析，得出如下结论：

第一，中国家电行业上市公司普遍存在技术非效率现象，不同公司之间的效率差异较大，公司效率的提升存在较大的空间。

第二，上市公司对管理层的激励方式由之前较为单一的年薪制逐渐向包含股票激励等综合激励方式转变，管理层薪酬有效地提升了公司效率。

第三，管理层持股比例与公司效率呈"U"形关系。这说明，单纯地给予管理层股票对提高公司效率效果不理想，应增加卖出时间限制规定或授予高管锁定股。

第四，无限售股票流通比例与公司效率正相关，资本市场压力对管理层的约束有效地促进了公司效率的提高。

第五，大股东持股比例与公司效率正相关，且不存在倒"U"形关系。大股东持股和适度的股权集中度有效地提升了公司绩效，大股东持股的"内部人效应"尚未出现。

结合研究结论，本文得出的政策启示为：

（1）对上市公司来说，需要继续完善上市公司的激励机制，保证管理层激励的有效性、科学性、多样性。建立更为严格的管理层业绩考核机制，实现管理层薪酬与公司真实业绩相挂钩；将管理层激励与反映公司绩效的会计指标、市场指标、效率指标等相结合，多维度完善管理层绩效考核；在对高管进行持股激励时，授予高管锁定股或增加任职期间的禁止卖出规定；在激励手段方面，可以结合期权、期股、业绩股票、股票增值权等激励方式，丰富管理层激励手段。

（2）从证券市场的角度来说，构建更为规范和完善的资本市场约束、股权约束，在确保对管理层合理激励补偿的同时，完善两者对管理层的约束和监督功能。通过资本市场的并购、重组促进资源有效配置；通过经理人市场的竞争减少管理层的无效率行为，从而提升公司运作效率；强化股权治理对公司管理层的内部监督，并与董事会、监事会制度相配合，保持合理的股权集中度，完善大股东对管理层的内部监督作用。

参考文献

[1] Aggarwal, R., Samwick, A. A., The other side of the trade-off: The impact of risk on executive compensation [J]. *Journal of Political Economy*, 1999, 107 (1): 65-105.

[2] Canarella, G., Gasparyan, A., New insights into executive compensation and firm performance: Evidence from a panel of "New Economy" firms [J]. *Managerial Finance*, 2008, 34 (8): 537-554.

[3] Ciscel, D. H., Caroll, T. M., The determinants of executive salaries: A econometric survey [J]. *Review of Economics and Statistics*, 1980 (61): 7-13.

[4] Habib, M. A.; Ljungvist, A. P., Firm value and managerial incentives: A stochastic frontier approach [J]. *Journal of Business*, 2005 (78): 2053-2093.

[5] Himmellberg, C. P., Hubbard, R. G., Palia, D., Understanding the determinants of managerial ownership and the link between ownership and performance [J]. *Journal of Financial Economics*, 1999 (53): 353-384.

[6] Morck, Shleifer, Vislmy, Management ownership andmarket valuation [J]. *Journal of Finance Economics*, 1988, 20: 293-315.

[7] Jackson, S. B., Lopez, T. J., Reitenga, A. L., Accounting fundamental and CEO bonus compensation [J]. *Journal of Accounting and Public Policy*, 2008, 27 (5): 374-393.

[8] Jensen, M., Meckling, W., Theory of the firm: Managerial behavior, agency cost and ownership structure [J]. *Journal of Financial Economics*, 1976 (3): 305-360.

[9] Jensen, M. C., Murphy, K. J., CEO Incentives—It's not how much you pay, but how [J]. *Harvard Business Review*, 1990, 68 (3): 138-153.

[10] 陈修德, 梁彤缨. 管理层激励约束与企业效率 [J]. 华南理工大学学报, 2012, 14 (5): 11-21.

[11] 高伟, 何枫. 我国家电行业上市公司技术效率分析——基于随机前沿技术的实证研究 [J]. 产业经济研究, 2005 (3): 48-53.

[12] 顾斌, 周立烨. 我国上市公司股权激励实施效果的研究 [J]. 会计研究, 2007 (2): 79-84+92.

[13] 何枫, 陈荣. 管理层激励对公司效率影响的随机前沿分析 [J]. 系统工程理论与实践, 2008 (9): 1-9+19.

[14] 何枫, 陈荣, 何炼成. SFA模型及其在我国技术效率测算中的应用 [J]. 系统工程理论与实践, 2004 (5): 46-50.

[15] 吕长江, 郑慧莲, 严明珠, 许静静. 上市公司股权激励制度设计：是激励还是

福利？[J]. 管理世界, 2009（9）: 133 – 147 + 188.

[16] 王红, 刘纯阳, 杨亦民. 管理层激励与公司绩效实证研究——基于农业上市公司的经验数据 [J]. 农业技术经济, 2014（5）: 113 – 120.

[17] 魏刚. 高级管理层激励与上市公司经营绩效 [J]. 经济研究, 2000（3）: 32 – 39 + 64 – 80.

[18] 于东智, 谷立日. 上市公司管理层持股的激励效用及影响因素 [J]. 经济理论与经济管理, 2001（9）: 24 – 30.

[19] 俞鸿琳. 政府控制和治理机制的有效性——基于中国 A 股市场的经验证据[J]. 南开管理评论, 2006（1）: 98 – 102.

[20] 张俊瑞, 赵进文, 张建. 高级管理层激励与上市公司经营绩效相关性的实证分析 [J]. 会计研究, 2003（9）: 29 – 34.

The Frontier Analysis of the Impact of the Management of Incentive and Restriction on Firm Efficiency: An Empirical Research Based on Household Appliance Industry data

Feng – qin LIU   Bi – lin GUAN

(Dongbei University of Finance and Economics, Dalian 116025, China)

Abstract: Using 29 companies' panel data of Chinese household appliance industry from 2014 to 2016, this paper examines the effect of the management of incentive and restriction on the company efficiency. Conclusions are as followings, managerial average wage significantly increases the efficiency of the company, while equity incentive has a u – shaped relationship with the efficiency; capital market pressure increases the efficiency of the company, equity concentration also increases the efficiency, and the equity concentration doesn't have the inverse u – shaped relationship with the efficiency. It indicates that, for companies of Chinese household appliance industry, managerial average wage has the better influence, equity incentive needs to be further improved; capital market pressure and equity concentration are both well effective for restriction mechanism.

Key words: Company Efficiency; Incentive and Restriction; Stochastic Frontier Analysis

JEL Classification: C33, D57, L25

城市公用事业基础设施服务能力指数评价与因素识别
——以东部13个省际为例

熊 艳

（浙江财经大学经济学院，浙江 杭州 310018）

摘 要 本文在借鉴学术界相关研究成果基础上，构建包含城市供水设施服务能力、污水处理设施服务能力指数、公共交通设施服务能力指数、供气设施服务能力指数以及城市市容环卫设施服务能力指数的指标体系。基于2012年东部省际数据，运用熵值法测算各类设施服务能力指数，在此基础上求出省际城市公用事业设施服务能力指数值。最后，分析省际城市公用事业设施服务能力差异性的形成机理，并提出相关的政策建议。

关键词 城市公用事业；设施；服务能力；因素识别

一 引言

城市公用事业是指为城镇居民生产和生活提供必需的、普遍服务的行业，主要包括城市供排水和污水处理、供气、集中供热、城市道路和公共交通、环境卫生和垃圾处理以及园林绿化等。城市公用事业具有较强的区域垄断性和地域差异性特征，本文以省际为对象，研究城市公用事业设施服务能力，需要以省际的共性行业作为研究对象，进而使评价单元具有较强的可比性。为此，本文选择城市供水、城市污水处理、城市公共交通、城市供气以及城

［基金项目］教育部人文社会科学青年项目"居民自主改善饮用水水质的支付意愿、因素识别与政策选择"（15YJC790118）、国家自然科学基金面上项目"公用事业'伪PPP'项目量化甄别、形成机理与监管控制研究"（71773106）、国家自然科学基金青年项目"城市公用事业特许经营权竞标机制分类设计与管制政策研究"（71303208）和浙江省教育厅项目"浙江省城市公用事业市场化改革效果评价研究"（Y201328821）。

［作者简介］熊艳，浙江财经大学讲师，经济学博士。

市市容环卫五个行业作为对象进行研究。随着城镇化进程的快速推进，日益突出的城市公用事业设施的供需矛盾逐渐成为制约智慧城市建设的重要因素之一。近年来，为缓解城市公用事业设施主要依靠政府财政投资带来的投资不足、融资渠道有限等问题，2002 年建设部出台了《关于加快市政公用行业市场化进程的意见》，随后国务院又出台了旨在鼓励民间资本进入城市公用事业等行业的"36 条"和"新 36 条"。此外，党的十八届三中全会明确指出，"国有资本继续控股经营的自然垄断行业，实行以政企分开、政资分开、特许经营、政府监管为主要内容的改革，根据不同行业特点实行网运分开、放开竞争性业务，推进公共资源配置市场化"。这明确了城市公用事业中的可竞争性行业、领域或环节改革的基本方向。在鼓励民间资本进入城市公用行业与提升该行业效率，以及扩宽该行业的投融资渠道的客观趋势下，亟须回答几个关键问题，即客观地评价城市公用事业设施服务能力的基本现状，深入分析城市公用事业设施服务能力的省际差异，充分认识城市公用事业投融资的重点领域和环节，分类设计城市公用事业的监管政策与实施思路。由于研究篇幅所限，本文主要对城市公用事业的设施服务能力进行研究，试图揭示出省际城市公用事业设施的基本差异，并在保障经济增长可持续的前提下，提出发展城市公用事业的政策措施。

目前，学术界对城市公用事业设施服务能力的研究还较为少见，在仅有的相关研究成果中主要涉及三方面问题，即交通基础设施建设的差异、基础设施发展与经济增长的关系以及基础设施资本存量的估算等。其中，张光南、陈广汉（2009）通过建立厂商和政府的动态博弈模型，对港澳基础设施差异的制度原因进行了论述。刘芬、汤富平（2007）从交通、信息通信、给水能源、文化卫生和环境基础设施五个方面构建了河南城市基础设施现代化评价指标体系。陈磊等（2012）分析了能源、交通以及邮电通信对产业部门的要素投入数量和结构的影响。一些学者也将基础设施发展与经济增长之间的关系作为重点的研究问题，如 Aschauer（1989），世界银行（1994），李泊溪、刘德顺（1995）等认为，基础设施水平与经济增长之间存在正相关关系。相反，黄寿峰、王艺明（2012）认为，交通基础设施与经济增长之间具有显著的非线性动态变化关系。而吴建楠等（2009）对基础设施与区域经济系统协调发展的关系进行了研究。此外，Kamps（2006）运用永续盘存法对 OECD 各国 1960—2001 年的公共资本存量进行了测算。金戈（2012）应用永续盘存法对全国层面 1953—2008 年以及省际层面 1993—2008 年的基础设施资本存量进行了估算。

综上所述，已有研究中系统分析城市公用事业设施服务能力的研究还较为少见，同时学术界尚缺乏将供水、供气等城市公用设施纳入分析框架来评价基础设施能力。为此，本文综合考虑城市公用事业的行业特征与现有数据资源，筛选并确定衡量城市公用事业设施服务能力的指标，测算东部地区省际城市公用事业设施服务能力指数，分析城市公用设施服务能力差异性的形成，最后提出相关的政策建议，力求为相关部门出台城市公用事业基础设施投融资改革的政策提供思路。

二 指标选取、数据来源与研究方法

目前，无论是学术界还是业界尚未界定城市公用事业设施服务能力，为分析方便，本文认为，城市公用事业设施服务能力是指通过城市公用事业具体行业的设施建设，从而满足居民正常生活需求的能力，如饮水量和水质情况、污水处理情况、垃圾清运与处理情况、燃气供应情况以及公共交通运营情况等。

（一）指标选取

城市公用事业设施服务能力指数可以分解为城市供水设施服务能力指数、城市污水处理设施服务能力指数、城市公共交通设施服务能力指数、城市供气设施服务能力指数和城市市容环卫设施服务能力指数五个部分，而各行业的服务能力指数又可分为设施建设和服务能力两个方面。各行业的设施服务能力指数详见表1。

表1　城市公用事业设施服务能力指数的指标选取

分指数	指标类别	指标名称
城市供水设施服务能力指数	设施建设指标	人均供水综合生产能力（立方米/日·人）和人均供水管道长度（公里/万人）
	服务能力指标	用水普及率（%）、浑浊度合格率（%）、色度合格率（%）、臭和味合格率（%）、余氯合格率（%）、菌落总数合格率（%）、总大肠菌群合格率（%）和耗氧量合格率（%）
城市污水处理设施服务能力指数	设施建设指标	人均污水处理能力（立方米/日·人）和人均污水管道长度（公里/万人）
	服务能力指标	污水处理率（%）和干污泥处理率（%）
城市公共交通设施服务能力指数	设施建设指标	人均城市道路面积（平方米/人）
	服务能力指标	每万人拥有公共汽（电）车数（辆/万人）和每万人拥有出租汽车数（辆/万人）

续表

分指数	指标类别	指标名称
城市供气设施服务能力指数	设施建设指标	每万人供气管道长度（公里/万人）和每万人储气能力（立方米/万人）
	服务能力指标	人均供气量（立方米）和供气普及率（%）
城市市容环卫设施服务能力指数	设施建设指标	每万人拥有市容环卫专用车辆设备数（台/万人）、每万人拥有公厕数（座/万人）和人均无害化处理能力（吨/日·万人）
	服务能力指标	机械化清扫率（%）、粪便处理率（%）的生活垃圾处理率（%）

资料来源：笔者整理。

（二）数据来源与研究方法

本文以中国2012年东部地区[①]为例，在构建城市公用事业设施服务能力指数的基础上，在测算城市供水、城市污水处理、城市公共交通、城市供气和城市市容环卫五个行业分项指标与设施服务能力分指数的基础上，合成东部地区城市公用事业设施服务能力指数，并进行差异性分析。其中，城市供水水质数据来自中国城镇供水排水协会出版的《中国城市供水统计年鉴（2013）》，城市公共交通设施能力测算所需指标数据来自中国统计出版社出版的《中国城市统计年鉴（2013）》，其余数据根据中国计划出版社出版的《中国城市建设统计年鉴（2012）》中相关数据计算得到。

本文主要应用熵值法来测算城市公用事业设施服务能力各分项指数，该方法根据指标的离散程度来客观赋权，从而避免主观赋权的片面性，也规避了主成分分析、因子分析等可能过滤掉所选指标的情况。该方法的核心是某个指标的离散程度越大，该指标的综合贡献越大。运用熵值法测算城市公用事业设施服务能力各分项指数的过程如下：

1. 数据标准化处理

鉴于本文所用指标均为正向指标，为此，可将原始数据做如下标准化处理。

$$X'_{ij} = \frac{X_{ij} - \min\{X_j\}}{\max\{X_j\} - \min\{X_j\}}$$

[①] 本文分析所选择的东部地区是按照经济带来划分的，这样，具有相同或相似特征的地区进行城市公用事业设施服务能力指数评价更有可比性和现实意义。主要包括北京、天津、河北、辽宁、上海、江苏、浙江、福建、山东、广东和海南11个省份。

其中，X'_{ij} 为经过标准化处理后的指标数据，X_{ij} 为第 i 个地区的第 j 个指标的数值，$\min\{X_j\}$ 为 i 个地区的指标 j 中的最小数值。相反，$\max\{X_j\}$ 为 i 个地区的指标 j 中的最大数值。

2. 计算第 i 个地区第 j 项指标的权重

$$Y_{ij} = \frac{X'_{ij}}{\sum_{i=1}^{m} X'_{ij}}$$

3. 计算指标信息熵

$$e_j = -k \sum_{i=1}^{m} (Y_{ij} \times \ln Y_{ij})$$

其中，常数 $k = 1/\ln(m)$，这样就能保证 $0 \leq e_j \leq 1$。

由式中可以看出，当某个属性下各个方案的贡献度趋于一致时，e_j 趋于 1；特别是当全部相等时，也就可以不考虑该目标的属性在决策中的作用，也即此时属性的权重为零。

4. 计算信息熵冗余度

信息熵冗余度（d_j）的计算公式为：

$$d_j = 1 - e_j$$

5. 计算指标权重

指标权重（w_j）的计算公式为：

$$w_j = d_j / \sum_{j=1}^{n} d_j$$

6. 计算综合评价得分

综合评价得分（S_{ij}）的计算公式为：

$$S_{ij} = w_i \times X'_{ij}$$

三　城市公用事业设施服务能力指数的评价结果

本部分通过分别对比城市供水、污水处理、公共交通、供气、市容环卫代表设施服务能力的各分项指标情况，在此基础上，利用熵值法测算城市供水设施服务能力分指数、城市污水处理设施服务能力分指数、城市公共交通设施服务能力分指数、城市供气设施服务能力分指数和城市市容环卫设施服务能力分指数，并对各分指数进行排序与差异性分析。最后，根据上述分指数合成城市公用事业设施服务能力指数，并对东部地区该指数进行排序。

（一）城市供水设施服务能力指数评估

本部分利用熵值法和城市供水设施服务能力指数评价指标，测算并排序东部地区城市公用事业设施服务能力。由表 4 可知，北京的城市供水设施服务能力最好，排名第一，江苏、浙江、天津、辽宁分列第 2—5 位，河北、吉林、黑龙江、上海、广东的城市供水设施能力依次排在后 5 位，其他省份处于中间位置。需要说明的是，北京排名第一是因为北京城市供水人均综合生产能力、用水普及率以及除色度合格率之外的水质指标均排在前两位，对北京而言，需要根据实际需求进一步布局管网长度，提高色度合格率。江苏、浙江由于人均综合生产能力、人均供水管网长度以及水质指标相对靠前，使城市供水设施服务能力指数排名较高。一些省际城市供水设施服务能力普遍偏低的原因主要有：①河北由于人均综合生产能力、人均供水管网长度、菌落总数合格率较低，导致城市供水设施服务能力指数较低；②吉林的人均供水管网长度、用水普及率以及水质指标均较低使城市供水设施服务能力指数较低；③黑龙江由于人均供水管网长度和水质指标排名靠后，导致其供水设施服务能力指数排名较低；④上海的人均综合生产能力、耗氧量合格率较低造成其城市供水设施服务能力排名较低；⑤广东的水质指标相对较低导致了城市供水设施服务能力排名较低。各省份供水设施服务能力测算指标及其排名情况详见表 2 和表 3。

表 2　2012 年城市供水设施建设及用水普及率指标基本情况及其排序

地区	人均综合生产能力（立方米/日·人）	排名	人均供水管网长度（公里/万人）	排名	用水普及率（%）	排名
北京	0.92	2	13.27	10	86.20	2
天津	0.68	7	19.90	3	79.62	3
河北	0.61	10	9.63	12	57.40	8
辽宁	0.60	11	14.36	9	72.81	4
吉林	0.71	5	9.13	13	47.60	12
黑龙江	0.69	6	9.93	11	58.90	6
上海	0.48	13	14.66	7	100.00	1
江苏	0.99	1	25.64	1	54.47	9
浙江	0.82	3	23.90	2	57.86	7
福建	0.68	8	15.72	5	54.36	10
山东	0.57	12	14.53	8	52.74	11
广东	0.77	4	16.62	4	69.34	5
海南	0.65	9	14.77	6	37.87	13

注：用水普及率 = 用水人口/城市总人口 × 100。

资料来源：笔者计算。

表3 2012年城市供水设施水质指标的基本情况及其排序

地区	浑浊度合格率（%）	排名	色度合格率（%）	排名	臭和味合格率（%）	排名	余氯合格率（%）	排名	菌落总数合格率（%）	排名	总大肠菌群合格率（%）	排名	耗氧量合格率（%）	排名
北京	99.96	2	99.96	7	100	1	100	1	100	1	100	1	100	1
天津	99.19	11	100	1	100	1	99.99	3	99.82	7	99.88	10	100	1
河北	99.61	5	100	1	99.96	5	98.93	4	99.53	12	100	1	99.93	5
辽宁	99.46	7	99.88	8	99.91	9	99.48	10	99.85	5	99.80	11	99.83	9
吉林	99.20	10	99.61	11	99.84	11	99.47	11	99.71	10	99.89	9	99.72	10
黑龙江	99.22	9	99.49	12	99.77	12	99.07	12	99.76	9	99.75	12	99.21	11
上海	100	1	100	1	97.57	13	100	1	100	1	100	1	96.04	13
江苏	99.55	6	99.99	4	99.95	6	99.77	8	100	1	99.97	5	99.77	8
浙江	99.67	4	99.99	4	99.93	7	99.85	5	99.98	4	100	1	99.99	3
福建	98.50	12	99.78	10	99.99	3	99.72	7	99.85	5	99.93	7	99.95	4
山东	99.42	8	99.97	6	99.98	4	99.79	6	99.68	11	99.97	5	99.90	7
广东	94.46	13	97.81	13	97.88	10	95.66	13	97.76	13	97.85	13	97.30	12
海南	99.79	3	99.85	9	99.92	8	99.65	9	99.82	7	99.91	8	99.92	6

注：除北京、天津外，由于缺少省级的水质数据，为此这里将所在省际所有城市的该指标的数据进行加总平均处理。
资料来源：笔者计算。

表4　　　　　2012年城市供水设施服务能力指数测算与排序

地区	城市供水设施服务能力指数	排名	地区	城市供水设施服务能力指数	排名
北京	0.92	1	江苏	0.91	2
天津	0.87	4	浙江	0.90	3
河北	0.77	9	福建	0.80	6
辽宁	0.81	5	山东	0.80	6
吉林	0.75	10	广东	0.15	13
黑龙江	0.72	11	海南	0.79	8
上海	0.65	12			

资料来源：根据表2和表3中指标数据，利用熵值法测算得到。

（二）城市污水处理设施服务能力指数评估

从城市污水处理设施服务能力指数排名来看（见表5），天津排在第1位，广东、河北、上海、江苏、浙江分列第2—6位。而海南、北京、辽宁、黑龙江、吉林的污水处理设施服务能力相对较差，排在后5位。其中，排名靠前的6个省份中，天津的人均污水管道长度、人均污水处理能力和干污泥处理率均排在第1位，广东的人均污水处理能力和污水处理率较高使污水处理设施服务指数较高，河北、上海、江苏、浙江在构成污水处理设施服务能力指数的4个指标中，一般有3个指标排名靠前。而海南的人均污水管道长度、污水处理率排名较低，北京的人均污水处理能力和干污泥处理率较低，辽宁构成城市污水处理设施服务能力指数的4个指标均偏低，黑龙江的人均污水处理管道长度、人均污水处理能力、污水处理率偏低，吉林构成城市污水处理设施服务能力指数的4个指标均偏低，从而使上述5省份的城市污水处理设施服务能力偏低。

表5　　　　2012年城市污水处理设施服务能力指标、指数及其排序

地区	人均污水管道长度（公里/万人）	排名	人均污水处理能力（立方米/日·人）	排名	污水处理率（%）	排名	干污泥处理率（%）	排名	污水处理设施服务能力指数	排名
北京	2.77	7	0.22	12	82.00	7	98.41	11	0.45	10
天津	10.58	1	0.39	1	87.40	5	100.00	1	0.95	1
河北	2.19	8	0.32	5	93.55	1	99.31	5	0.72	3

续表

地区	人均污水管道长度（公里/万人）	排名	人均污水处理能力（立方米/日·人）	排名	污水处理率（%）	排名	干污泥处理率（%）	排名	污水处理设施服务能力指数	排名
辽宁	1.09	13	0.27	10	81.89	9	96.96	12	0.44	11
吉林	1.45	11	0.23	11	81.64	10	92.52	13	0.21	13
黑龙江	1.28	12	0.22	12	57.68	13	99.65	4	0.28	12
上海	3.04	5	0.29	7	91.29	3	100.00	1	0.70	4
江苏	5.38	2	0.38	2	74.20	12	98.91	8	0.70	5
浙江	4.36	3	0.34	4	84.19	6	98.66	9	0.69	6
福建	3.20	4	0.29	8	81.93	8	98.46	10	0.57	8
山东	2.98	6	0.28	9	93.09	2	99.85	2	0.69	7
广东	2.09	9	0.37	3	88.09	4	99.07	7	0.74	2
海南	1.82	10	0.32	6	75.32	11	99.10	6	0.56	9

资料来源：笔者计算。

（三）城市公共交通设施服务能力指数评估

由表6可知，在城市公共交通设施服务能力指数排名中，天津、北京、广东、河北、黑龙江依次排在第1—5位，而江苏、上海、福建、海南、吉林排在后5位，其余省份处于中间位置。进一步地，我们对构成城市公共交通设施服务能力指数的各分项指标进行分析，其中，从人均道路面积来看，山东最高，达到16.75平方米，江苏、河北、天津、浙江分列第2—5位，而福建、吉林、辽宁、北京、上海[①]处于后5位，其余省份处于中间位置。从每万人拥有公共汽车来看，北京最高，其次依次为广东、上海、浙江和河北，而辽宁、黑龙江、山东、吉林、江苏相对较低，处于后5位，福建、天津、海南处于中间位置。最后，从每万人拥有出租汽车数来看，天津、北京、辽宁、黑龙江、上海最高，处于前5位，福建、浙江、江苏、海南、吉林处于后5位，河北、山东、广东处于6—8位。需要说明的是，天津由于人均道路面积、每万人拥有出租汽车数较多导致城市公共交通设施服务能力指数较高；北京由于每万人拥有公共汽车和出租汽车数较多，使该市城市公共交通设施

---

① 北京、上海的道路面积较多，但城市人口数量相比道路面积更多，所以导致人均道路面积相对较低。

服务能力指数处于13省份中第2位。对比来看，处于后5位的省份至少有两个指标排名较为靠后。

表6　2012年城市公共交通设施服务能力指标、指数及其排序

地区	人均道路面积（平方米） 数值	排名	每万人拥有公共汽车（辆） 数值	排名	每万人拥有出租汽车数（辆） 数值	排名	城市公共交通设施服务能力指数 数值	排名
北京	7.53	12	18.06	1	32.21	2	0.64	2
天津	14.29	4	10.28	7	38.87	1	0.65	1
河北	15.35	3	10.94	5	13.41	6	0.45	4
辽宁	11.31	11	9.90	9	22.96	3	0.38	8
吉林	12.04	10	9.02	12	2.38	13	0.17	13
黑龙江	13.56	6	9.63	10	22.36	4	0.44	5
上海	7.15	13	12.29	3	21.29	5	0.32	10
江苏	16.11	2	8.43	11	7.18	11	0.33	9
浙江	13.82	5	12.19	4	7.73	10	0.40	6
福建	12.56	9	10.91	6	7.95	9	0.31	11
山东	16.75	1	9.25	11	9.38	7	0.40	7
广东	12.70	8	17.86	2	9.17	8	0.57	3
海南	12.96	7	10.00	8	6.40	12	0.28	12

资料来源：笔者计算。

（四）城市供热设施服务能力指数评估

从城市供热设施服务能力指数测算结果来看，天津、北京、上海、江苏、山东5个省份的城市供热设施服务能力较强，依次排在前5位；而河南、吉林、福建、黑龙江和辽宁的供气设施服务能力相对较低，排在后5位。此外，浙江、山东和辽宁排在第6—8位。进一步地，从构成城市供热设施服务能力指数的各指标来看，城市供气设施服务能力指数排在前5位的省份的每万人供热管道长度也排在前5位，除北京和河北外，其余3省份的每万人储气能力依然排在前5位，人均供气量、供气普及率5省份依然排名靠前。而辽宁、福建、吉林、海南中至少有两个指标的排名相对靠后。2012年，城市供气设施服务能力指标、指数及其排序的具体情况详见表7。

表 7　　　　2012 年城市供热设施服务能力指标、指数及其排序

地区	每万人供热管道长度(公里/万人) 数值	排名	每万人储气能力(立方米/万人) 数值	排名	人均供气量(立方米) 数值	排名	供气普及率（％） 数值	排名	供热设施服务能力指数 数值	排名
北京	9.02	2	347.94	12	446.90	1	66.05	2	0.69	2
天津	16.71	1	1418.68	6	314.17	2	78.13	1	0.83	1
河北	3.69	7	947.16	10	77.26	7	35.36	4	0.16	6
辽宁	3.31	8	2158.15	4	27.94	13	31.19	7	0.11	9
吉林	2.34	13	538.93	11	31.54	11	17.52	11	0.02	12
黑龙江	3.03	10	328.58	13	40.16	10	29.04	8	0.09	10
上海	8.94	3	155161.04	1	265.13	3	55.49	3	0.59	3
江苏	8.57	4	3053.07	3	135.30	5	34.10	5	0.31	4
浙江	5.60	6	968.36	9	59.00	8	21.71	9	0.13	7
福建	3.23	9	1381.23	7	48.64	9	15.03	13	0.04	11
山东	5.69	5	1707.49	5	94.70	6	34.08	6	0.22	5
广东	2.64	12	4286.46	2	178.30	4	17.53	10	0.12	8
海南	2.80	11	1058.10	8	28.64	12	17.01	12	0.02	13

资料来源：笔者计算。

（五）城市市容环卫设施服务能力指数评估

　　城市市容环卫设施服务能力主要从生活垃圾处理与公厕粪便处置两个方面进行评估，由表 8 和表 9 测算出的东部 13 省份城市市容环卫设施服务能力指数及其排序可知，浙江、福建、北京、广东、黑龙江 5 省份的排名较高，排在前 5 位，而天津、山东、吉林、河北、辽宁排名较低，排在后 5 位，其余省份排在中游位置。进一步地，本文对构成城市市容环卫设施服务能力指数的各分项指标进行分析，其中，从每万人拥有市容环卫专用车辆设备数来看，海南最高，达到了 17 台/万人，吉林、黑龙江、浙江（并列）、福建（并列）、广东（并列）分列第 2—5 位，而江苏、山东、天津、河北、上海相对较低，排在后 5 位。从每万人拥有公厕数来看，吉林、黑龙江、浙江并列第 1 位，而上海、北京、海南、山东、天津 5 省份相对较低，排在后 5 位。从人均无害化处理能力来看，福建、浙江、海南、广东、江苏较高，排在前 5 位，而黑龙江、天津、河北、北京、上海相对较低，排在后 5 位。从机械化处理率来看，上海、北京、天津、山东、河北排在前 5 位，而黑龙江、广

东、海南、吉林、辽宁排在后 5 位。从粪便处理率来看，北京、浙江、福建、吉林、江苏较高，排在前 5 位，河北、上海、黑龙江、辽宁、海南相对较低，排在后 5 位。从生活垃圾处理率来看，天津最高，其次为上海，而广东、河北、吉林等地相对较低。

表8　2012 年城市市容环卫设施建设指标及其排序

地区	每万人拥有市容环卫专用车辆设备数（台/万人）	排名	每万人拥有公厕数（座/万人）	排名	人均无害化处理能力（吨/日·万人）	排名
北京	7	7	4	10	12.31	12
天津	4	11	2	13	14.91	10
河北	4	12	7	6	13.88	11
辽宁	6	8	6	7	22.27	7
吉林	12	2	11	1	22.66	6
黑龙江	9	3	11	1	18.52	9
上海	4	13	5	9	8.88	13
江苏	5	9	6	7	24.73	5
浙江	8	4	11	1	52.80	2
福建	8	5	10	4	55.76	1
山东	5	10	3	12	19.19	8
广东	8	6	8	5	37.41	4
海南	17	1	4	10	39.72	3

资料来源：笔者计算。

表9　2012 年城市市容环卫设施服务能力指标及其排序（续）

地区	机械化清扫率（%） 数值	排名	粪便处理率（%） 数值	排名	生活垃圾处理率（%） 数值	排名	市容环卫设施服务能力指数 数值	排名
北京	63.33	2	88.54	1	98.53	6	0.63	3
天津	63.25	3	41.28	8	100	1	0.47	9
河北	49.55	5	34.45	9	83.48	12	0.42	12
辽宁	28.87	13	23.28	12	92.36	10	0.38	13

续表

地区	机械化清扫率（%）		粪便处理率（%）		生活垃圾处理率（%）		市容环卫设施服务能力指数	
	数值	排名	数值	排名	数值	排名	数值	排名
吉林	31.45	12	65.51	4	49.14	13	0.44	11
黑龙江	40.36	9	29.54	11	93.38	9	0.55	5
上海	67.46	1	32.28	10	100.00	2	0.51	7
江苏	46.94	6	62.33	5	96.81	8	0.55	6
浙江	45.58	7	77.07	2	99.63	4	0.80	1
福建	40.78	8	71.22	3	97.78	7	0.75	2
山东	50.42	4	49.44	7	98.88	5	0.47	10
广东	40.31	10	57.98	6	86.98	11	0.58	4
海南	33.83	11	0.00	13	100.00	3	0.48	8

资料来源：笔者整理。

（六）城市公用事业设施服务能力指数的综合得分与空间差异

为了测算城市公用事业设施服务能力指数，我们需要将上述分析的城市供水设施服务能力指数、城市污水处理设施服务能力指数、城市公共交通设施服务能力指数、城市供热设施服务能力指数以及城市市容环卫设施服务能力指数进行合成，从而形成具有横向可比性的城市公用事业设施服务能力指数。为了简便起见，我们假设构成城市公用事业设施服务能力指数的城市供水设施服务能力指数、城市污水处理设施服务能力指数、城市公共交通设施服务能力指数、城市供热设施服务能力指数以及城市市容环卫设施服务能力指数的作用相同，因此，我们通过将上述5个指数简单相加，得到省际城市公用事业设施服务能力指数的数值，最终结果如表10所示。

表10　2012年城市公用事业设施服务能力指数的综合得分与排名

地区	城市公用事业设施服务能力指数		地区	城市公用事业设施服务能力指数	
	数值	排名		数值	排名
北京	3.33	2	江苏	2.80	4
天津	3.77	1	浙江	2.92	3
河北	2.52	7	福建	2.47	8

续表

地区	城市公用事业设施服务能力指数		地区	城市公用事业设施服务能力指数	
	数值	排名		数值	排名
辽宁	2.12	10	山东	2.58	6
吉林	1.59	12	广东	2.16	9
黑龙江	2.08	11	海南	1.53	13
上海	2.77	5	—	—	—

由表10可知，天津、北京、浙江、江苏、上海5省份的城市公用事业设施服务能力指数较高，排在前5位，说明上述5省份的城市公用设施服务水平较好，能够更好地与城镇化发展进程以及城市发展水平相匹配。而辽宁、黑龙江、吉林、海南4省份的城市公用事业服务能力较低，排在后4位。山东、河北、福建、广东处于中游位置。

四 城市公用事业设施服务能力省际差异的机理分析

本部分主要从构成城市公用事业设施服务能力分项指数和影响城市公用事业设施总体服务能力的其他关键指标两个方面，分析城市公用事业设施服务能力省际差异形成机理。

（一）城市公用事业设施服务能力省际差异——基于分指数视角

为了能够从各分项指数方面寻找影响城市公用事业设施服务能力指数的因素，本部分将各指数按照排名分为"好、中、差"，其中，排在前4位为"好"，后4位为"差"，其余为"中"，具体分析结果如表11所示。由表11可以明确东部地区13省份提升城市公用事业设施服务能力的基本方向如下：北京需要提升城市污水处理设施服务能力；天津需要提升城市市容环卫设施服务能力；河北需要提升城市市容环卫设施、城市供水和供气设施服务能力；上海需要提升城市供水、公共交通和市容环卫设施服务能力；江苏需要提升污水、公共交通和市容环卫设施服务能力；浙江需要提升污水、公共交通和供气设施服务能力；广东需要提升供水、供气设施服务能力，而需要重点说明的是，与城市公用事业设施服务能力较好的省份相比，辽宁、吉林、黑龙江、福建、山东、海南需要全方位提升城市公用事业设施的服务能力。

城市公用事业设施服务能力省际差异的分指数原因如表12所示。

表 11　　城市公用事业设施服务能力省际差异的分指数原因

地区	城市公用事业设施服务能力指数水平	城市供水设施服务能力指数水平	城市污水处理设施服务能力指数水平	城市公共交通设施服务能力指数水平	城市供气设施服务能力指数水平	城市市容环卫设施服务能力指数水平
北京	好	好	差	好	好	好
天津	好	好	好	好	好	中
河北	中	中	好	好	中	差
辽宁	差	中	差	中	中	差
吉林	差	差	差	差	差	差
黑龙江	差	差	差	中	差	中
上海	中	差	好	差	好	好
江苏	好	好	中	中	好	中
浙江	好	好	中	中	中	好
福建	中	中	中	差	差	好
山东	中	中	中	中	中	差
广东	中	差	好	好	中	好
海南	差	中	中	差	差	中

资料来源：根据表4、表5、表6、表7、表9、表10以及评价原则整理而成。

（二）城市公用事业设施服务能力省际差异——基于省际差异视角

一般而言，城市公用事业设施服务能力与所在地区的城镇化水平、人均GDP以及城市公用事业固定资产投资有较大关系，为此，本部分通过对比东部地区13省份上述3个指标，来间接地揭示出可能导致城市公用事业设施服务能力指数差异的原因。通过对比分析可以得出以下结论：城市公用事业设施服务能力与城镇化率水平以及经济发展水平（人均GDP）相适应，一般而言，这两项指标较好的省际，城市公用事业设施服务能力也较好。但与当年城市公用事业固定资产投资之间并无明显的相关关系，由于固定资本具有累积效应，故城市公用事业设施服务能力取决于城市公用事业固定资产投资总和。

表 12　　　　城市公用事业设施服务能力省际差异的分指数原因

地区	城市公用事业设施服务能力指数水平	城镇化率排名	人均 GDP 排名	城市公用事业固定资产投资排名
北京	好	2	2	11
天津	好	3	1	9
河北	中	13	11	6
辽宁	差	5	6	3
吉林	差	10	10	10
黑龙江	差	9	12	8
上海	中	1	3	12
江苏	好	7	4	1
浙江	好	6	5	5
福建	中	8	8	7
山东	中	11	9	4
广东	中	4	7	2
海南	差	12	13	13

资料来源：城市公用事业固定资产投资根据《中国统计年鉴》中相关行业固定资产投资加总得到，由于篇幅所限这里没有列示出城镇化率、人均 GDP 以及固定资产投资的具体数值，如需要该数据可向笔者索要。

五　研究结论与政策建议

本文运用熵值法从城市供水设施服务能力、城市污水处理设施服务能力、城市公共交通设施服务能力、城市供气设施服务能力和城市市容环卫设施服务能力五个方面，综合分析出省际城市公用事业设施的服务能力。同时，对城市公用事业设施服务能力的省际差异的形成原因进行初步分析。通过研究，我们得出如下结论：北京、天津、江苏、浙江的城市公用事业设施服务能力较强，辽宁、吉林、黑龙江、海南的城市公用事业设施服务能力较差，而上海、河北、福建、山东、广东的城市公用事业设施服务能力为中等。同时，城市公用事业设施服务能力与城镇化水平和经济发展水平等指标具有较强的关联性。

为此，本文针对东部地区城市公用事业的省际差异，提出不同地区要依据本文研究得出的城市供水、污水处理、公共交通、供气、市容环卫设施能力差异结论，设计差异化的提升城市公用事业设施服务能力政策。同时，为提高城市公用事业设施服务能力，应切实推进城镇化进程，提高城市总体经济竞争力，缩小东部地区内部省际城市公用事业设施服务能力之间的差距。

参考文献

[1] 张光南，陈广汉. 基础设施投入的决定因素研究：基于多国面板数据的分析 [J]. 世界经济，2009 (3)：34-44.

[2] 刘芬，汤富平. 河南城市基础设施现代化水平综合评价 [J]. 经济研究导刊，2007 (4)：128-130.

[3] 陈磊，伏玉林，苏畅. 我国公共基础设施的规模效应及结构效应分析 [J]. 上海经济研究，2012 (5)：98-105.

[4] Aschauer, David Alan, Is Public Expenditure Productive? [J]. *Journal of Monetary Economics*, 1989, 23：177-200.

[5] World Bank, *World Development Report* 1994, Oxford：Oxford University Press, 1994.

[6] 李泊溪，刘德顺. 中国基础设施水平与经济增长的区域比较分析 [J]. 管理世界，1995 (2)：106-111.

[7] 黄寿峰，王艺明. 我国交通基础设施发展与经济增长的关系研究 [J]. 经济学家，2012 (6)：28-34.

[8] 吴建楠等. 基础设施与区域经济系统协调发展分析 [J]. 经济地理，2009 (10)：1624-1628.

[9] Kamps, Christophe, New Estimates of Government Net Capital Stocks for 22 OECD Countries 1960-2001, *IMF Staff Papers*, 2006, 53 (1)：120-150.

[10] 金戈. 中国基础设施资本存量估算 [J]. 经济研究，2012 (4)：4-14.

Calculation on Urban Utilities Service Capability Index and Factor Identification

Yan XIONG

(School of Economics, Zhejiang University of Finance & Economics, Hangzhou 310018, China)

Abstract：The paper constructs the index system on urban utilities service capability on the basis of academia related research. The index system is constituted by the index of urban water supply facilities service capability, index of wastewater treatment facilities service capability, index of public transport facilities service capability, index of gas – supply facilities services capability as well as the index of city environment and sanitation facilities service capability. Based on the 2010 provincial data and index system of urban utilities service capability, the paper uses the factor analysis to determine the main factor of the index which synthesized into the index of various facilities services capability and calculates the index value of the provincial urban utilities services capability based on the summation. Finally, the empirical research comes to conclusion that there is a significant positive correlation between the city utilities service capabilities and economic growth, and therefore improving urban utilities service capabilities will contribute to economic growth.

Key words: Urban Utilities; Facility; Service Capability; Factor Identification

JEL Classification: L52

非对称互联网骨干网网间互联决策分析

李美娟　肖倩冰

（云南师范大学经济与管理学院　云南　昆明　650500）

摘　要　本文通过博弈模型，探讨了非对称互联网骨干网网间互联质量选择的偏好问题。骨干网网间互联质量的好坏对互联网业务的发展起着至关重要的作用，而骨干网则会通过比较与其互联的骨干网的规模差异的大小选择合适的互联质量以在市场上争夺更多的用户和利润。通过分析博弈模型中互联互通质量的大小对骨干网的影响可知，当两骨干网规模差异大小不同时，它们对互联的偏好也有所不同。当网络规模差异较小时，两骨干网偏好完美互联；当网络规模差异较大时，两骨干网对互联质量的偏好是不确定的，但可以肯定的是，此时大骨干网的用户数随着互联质量的提高而减少，而小骨干网的用户数则随着互联质量的提高而增加。最后，利用模型得出的结论，对当今骨干网企业的互联决策进行了解释，并为我国目前互联网骨干网的发展提出了合理化建议。

关键词　非对称；互联网骨干网；网间互联；互联决策

一　引言

互联网的市场接入主要分为三个层级结构，它们分别是互联网骨干网提供商（Internet Backbone Provider，IBP）、网络服务提供商（Internet Service Provider，ISP）和终端用户（End User）。顶层的 IBP 具有高速的网络传输系统，这些 IBP 将互联网接入业务提供给 ISP 或终端用户，同时，ISP 也可将接入业务或者增值后的新业务提供给他们的用户，所以，IBP 与 ISP 共同为终端用户提供互联网的接入服务。用户通过连接到 IBP 或者 ISP 可以访问连接

［基金项目］国家社会科学基金项目"区域性垄断背景下中国互联网骨干网网间互联规制研究"（17BJY082）。

［作者简介］李美娟，博士，云南师范大学经济与管理学院副教授，硕士生导师；肖倩冰（通讯作者），云南师范大学经济与管理学院硕士研究生。

到其上的互联网内容提供商（Internet Content Provider，ICP）的网页。互联网市场接入的层级结构如图1所示。

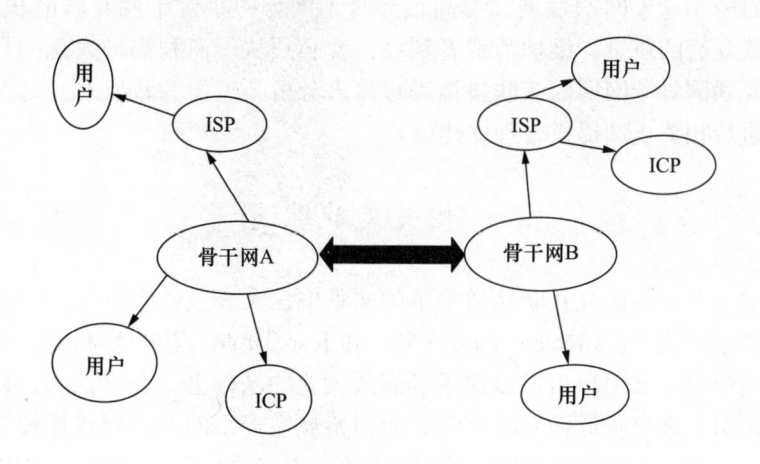

图1 互联网结构

资料来源：笔者绘制。

互联网骨干网之间的不同互联方式影响着骨干网企业的互联决策，骨干网互联方式主要有私有直联、NAP点互联（NAP）和转接三种。私有直联是指互联双方通过自己的线路交换流量，不涉及第三方的流量交换。对于NAP点互联而言，其与私有直联的不同之处在于它涉及多个网络，多个网络通过国家建立的NAP点进行流量交换。而转接则是指提供转接服务的网络同意代表另一网络将其流量穿透给第三方。在我国，骨干网之间的互联互通由政府严格规制，仅允许骨干网之间两两直联或通过NAP点互联，禁止提供转接服务。

在政府部门的大力扶持下，我国互联网产业发展迅速。目前，我国互联网骨干网企业有中国电信、中国联通、中国移动、中国铁通等8家。NAP互联点也在之前北京、上海和广州3个城市的基础上新增了10个。虽然骨干网市场的竞争度与网络传输效率都得到了大幅度提高，但主导骨干网仍然存在高度的垄断倾向，互联互通的质量存在很大的问题，我国互联网骨干网市场的现状不容乐观。当前，我国经济正处于一个高速发展的阶段，几乎各行各业的发展都离不开互联网，用户对互联网网络带宽要求也越来越高，而仅接入NAP互联点显然无法满足用户的要求。为了给网络用户创造一个良好的网络环境，提供高质量的服务，为其带来最大化的利益。互联网网间直联形式日益发展成为主流。因此，政府应将工作重点放在如何有效解决我国互联网骨干网互联互通问题，尤其是互联互通质量问题上。我国目前两大主导骨干网中国电信和中国联通存在较强的垄断性，若政府不加管制，在自由竞争的情形下，其他中小骨干网根本无力与其抗衡。最大化利润是企业追求的最终目标，而骨干网企业利润的取得与互联互通质量存在一定的相关性。因此，想要扶持中小骨干网的发展，提高主导骨干网与中小骨干网互联的积极性，提高互联互通的质量，维护消费者利益，就必须从厂商利润最大化的目标入手，对互联网骨干网网间互联决策进行深入分析，进而为政府对互联网骨干网企业进行相关规制提供合理化建议。

二 相关文献综述

目前，在一些研究互联互通决策的文献中，大多数学者将分析直接定位在私有直联方式上。Crémer、Patrick Rey 和 Jean Tirole（2000）将分析建立在两骨干网争夺未来用户市场以谋求利润最大化的基础上。研究认为，初始规模较大的 IBP 选择较低的互联质量，而初始规模较小的 IBP 则选择较高的互联质量。此时，大规模骨干网互联激励极低。Nicholas Economides（2010）则得出与 CRT（2000）相反的结论：由于市场上的骨干网数量足够多，规模小的骨干网此时拥有更多的接入选择权，必定会选择与提供高互联质量的骨干网进行互联，而规模大的骨干网为了获取更多的市场份额与利润，都愿意提供较高的互联质量以吸引小规模骨干网的接入。Øystein Foros、Hans Jarle Kind 和 Jan Yngve Sand（2003）假设骨干网对初始用户的定价是可变的，因此，骨干网的利润不仅受到新用户数量和价格的影响，还受到初始用户定价的影响。他们得出的研究结论有：①网间互联会对两骨干网的均衡用户数产生质量差异效应与需求扩大效应，较高的互联质量会对小规模骨干网的两种效应产生正向影响，因此，小规模骨干网倾向于选择较高的互联质量。而较高的互联质量则会强化大规模骨干网的需求扩大效应并弱化其质量差异效应，导致最终影响为不确定。这与 CRT（2000）的结论有所不同。②初始用户的定价是可变的，互联质量越高，则定价越高。这将提高大规模骨干网在初始用户市场的收益，但在新用户市场上的收益可能随着新用户数量的减少而减少，故大规模骨干网的总收益不确定。除研究互联质量的选择对互联决策的影响外，还有部分学者研究骨干网企业对互联方式的决策。E. Jahn 和 J. Prüfer（2008）通过对直联和转接情形下两骨干网企业利润之和的大小进行比较，分析了不对称程度的大小对骨干网网间互联方式选择的影响。认为当两骨干网不对称程度极大时，骨干网双方选择的最优互联方式为转接互联；当两骨干网不对称程度一定时，骨干网双方选择的最优互联方式为付费直联；而当两骨干网不对称程度极小时，对等直联的互联方式为两骨干网最优的互联方式。

国内也有部分学者对互联网骨干网的网间互联进行了一定的研究。王琦、吕廷杰（2005a）建立了两阶段博弈模型，与 CRT（2000）的不同之处在于，他们认为，互联网主要为人机通信，故文中只考虑 ICP，而不考虑其他用户数，互联网骨干网的服务质量主要来自ICP的数量。他们认为，直联情形下的两骨干网之间由于内容提供商的基数不同，互联的激励也随之不同。基数小的网络偏好完全互联，而基数大的互联网骨干网企业随着两网基数差异不同而对互联有不同的偏好。在对互联方式的选择上，王琦、吕廷杰（2006）将E. Jahn和J. Prüfer（2008）的模型进行了改造。将ICP与用户区分开来，建立新的利润公式。分析了规模差异的大小对互联方式的影响，并为我国互联网互联互通政策提出了相关参考建议。在对互联网骨干网互联互通政府规制的研究方面，杨庆丰（2007）通过对市场结构进行分析，得出结论认为：当市场结构比较对称时，骨干网企业的行为是符合政府期望的，而当市场结构极不对称时，则政府需要对其加以规制。王琦、吕廷杰（2005b）构建了一个两阶段博弈模型对三个非对称互联网骨干网的直联选择进行了分析，并对三个骨干网之间的各种直联情形进行了比较，得出结论认为：尽管非合作博弈存在多个子博弈完美纳什均衡解，但仅存在唯一一个最稳定和最有效的网络，即三个骨干网两两直联。因此，政府需对规模相差不大的骨干网网间直联的合谋行为进行监管，而对规模相差较大的骨干网网间直联的质量进行监管。

另外，在对骨干网互联结算规制的探索中，张昕竹、陈剑（2013）对国内外的结算制度进行了比较分析，认为造成我国宽带市场价格高、用户满意度低的根本原因在于我国骨干网市场的治理框架不合理，而要解决这一问题，就必须要优化我国骨干网互联结算制度。王林（2013）根据网络的双边市场特性揭示定价的原则，提出互联网的规制框架，并从规制部门设计、互联互通规制、结算价格规制等多方面提出设想与建议。张玲（2015）通过对自由竞争市场下的免费直联、自由竞争市场下的付费直联以及政府规制下的付费直联三种情况下的网间互联质量进行比较，得出我国骨干网只有在政府规制下进行付费直联时互联质量最优的结论，并为政府解决我国互联网骨干网网间结算问题提供了一些方案。

综上所述，国内外学者对互联网骨干网网间互联的研究方兴未艾，现有文献成果为本文的研究提供了重要参考价值。本文在参考大量前人研究的基础上，通过构建一个两阶段博弈模型，分析在直联和转接情形下骨干网企业的互联决策选择，并区分ICP与用户，通过计算骨干网企业在ICP市场与用户市场的总利润，讨论影响骨干网网间互联决策的因素，以期为我国互联网骨干网市场的健康发展提供建议和理论支持。

三　模型分析

（一）模型假定

假设1：有三个骨干网A、B、K，其中，骨干网A与骨干网B直联，同时它们又分别与骨干网 K 转接互联。连接到骨干网 A、骨干网 B 和骨干网 K 上的 ICP 市场比例分别为 $\bar{a}_A$、$\bar{a}_B$、$\bar{a}_K$。我们将市场归一化，即 $\bar{a}_A + \bar{a}_B + \bar{a}_K = 1$。假设 $\bar{a}_A > \bar{a}_B$ 且 $\bar{a}_A - \bar{a}_B = \Delta$，$\bar{a}_A + \bar{a}_B = a$。两骨干网争夺的市场新用户数为 q。其中，$q_A$ 表示骨干网 A 的新用户数，q_B 表示骨干网 B 的新用户数。

假设 2：骨干网 A 或骨干网 B 的 ICP 和其用户通信发送单位流量的成本为 c，骨干网 A 或骨干网 B 与骨干网 K 之间通信都需向骨干网 K 每单位流量支付 C_τ。

假设 3：两家骨干网 A、B 争夺的新用户类型为 τ，并且 $\tau \in [0, 1]$。它表示用户加入互联网所获得的基本价值。骨干网 A 向其 ICP 和用户传递流量时，每单位流量收取的费用分别为 $\bar{p}_A$ 和 p_A。骨干网 B 和骨干网 K 的收费与此类似。S_A 表示骨干网 A 的服务质量，用公式表示为：$S_A = V(\bar{a}_A + \theta \bar{a}_B)$。其中，V 表示连接重要性的参数，主要反映网络外部性；$\theta \in [0, 1]$ 表示 A、B 之间的互联质量，且 $\theta = \min\{\theta_A, \theta_B\}$，即 A、B 之间的互联质量由提供较低互联质量的一方决定；用户以价格 p_A 接入到骨干网 A 所获得的净福利为：$\tau + S_A - p_A$。

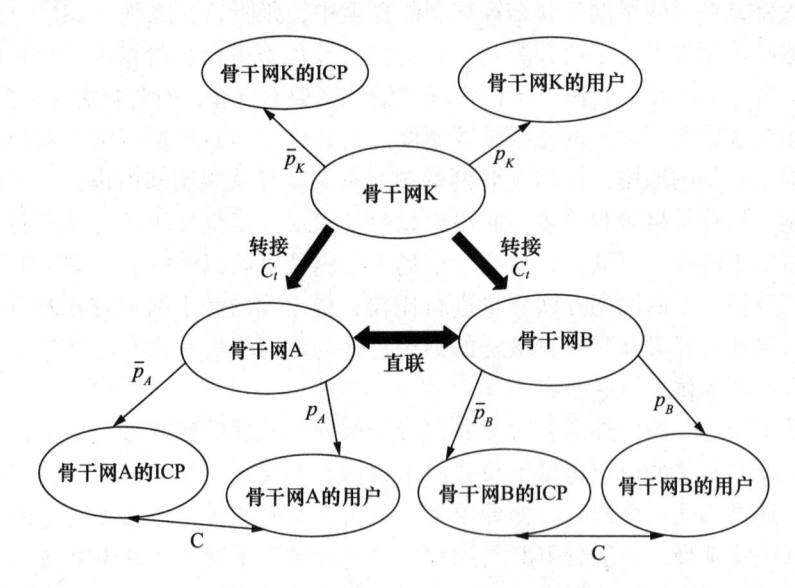

图 2 骨干网 A、B、K 相互连接示意

资料来源：笔者绘制。

（二）模型推导

由于两骨干网 A、B 之间竞争均衡时，用户从两网络中获得的净福利相等，即 $\tau + s_A - p_A = \tau + s_B - p_B$。只有当净福利大于 0 时，才会有用户加入。故只有 $\tau \geq p_A - S_A = p_B - S_B = \varphi$ 的用户才会加入两骨干网企业。此时，加入两骨干网的总用户数为：$q_A + q_B = 1 - \varphi$；骨干网 A 向用户收取的价格为：$p_A = 1 - (q_A + q_B) + S_A = 1 - (q_A + q_B) + v(\bar{a}_A + \theta \bar{a}_B)$。

假设骨干网 A 与骨干网 B 直联承担的成本都为 F，并且它们之间的通信方式仅有直联这一种，则两个骨干网 IBPA 和 IBPB 在直联情形下的利润函数分别为：

$$\begin{aligned}\pi_A &= q_A \bar{a}_A (p_A + \bar{p}_A - c) + q_A \bar{a}_k (p_A - c_t) + q_A \bar{a}_B p_A + q_B \bar{a}_A \bar{p}_A - F \\ &= q_A \bar{a}_A [1 - (q_A + q_B) + V(\bar{a}_A + \theta \bar{a}_B) + \bar{p}_A - c] + q_A \bar{a}_K [1 - (q_A + q_B) + \\ &\quad V(\bar{a}_A + \theta \bar{a}_B) - c_t] + q_A \bar{a}_B [1 - (q_A + q_B) + v(\bar{a}_A + \theta \bar{a}_B)] + \\ &\quad q_B \bar{a}_A \bar{p}_A - F\end{aligned} \quad (1)$$

式（1）中右边第一项表示骨干网 A 的 ICP 与其用户通信时，骨干网 A 从中获取的利润；第二项表示骨干网 A 的用户与骨干网 K 的 ICP 进行通信时获得的利润；第三项表示骨干网 A 的用户与骨干网 B 的 ICP 进行通信时获得的利润；第四项表示骨干网 A 的 ICP 与骨干网 B 的用户通信获得的利润；最后一项为骨干网 A 所承担的直联成本。骨干网 B 的利润函数与骨干网 A 类似，如式（2）所示：

$$\begin{aligned}\pi_B &= q_B \bar{a}_B (p_B + \bar{p}_B - c) + q_B \bar{a}_k (p_B - c_t) + q_B \bar{a}_A p_B + q_A \bar{a}_B \bar{p}_B - F \\ &= q_B \bar{a}_B [1 - (q_A + q_B) + v(\bar{a}_B + \theta \bar{a}_A) + \bar{p}_B - c] + q_B \bar{a}_K [1 - (q_A + q_B) + \\ &\quad V(\bar{a}_B + \theta \bar{a}_A) - c_t] + q_B \bar{a}_A [1 - (q_A + q_B) + v(\bar{a}_B + \theta \bar{a}_A)] + \\ &\quad q_A \bar{a}_B \bar{p}_B - F\end{aligned} \quad (2)$$

（三）模型分析

当骨干网 A、骨干网 B 都实现利润最大化时，有：

$$\frac{\partial \pi_A}{\partial q_A} = 1 - 2q_A - q_B + v\bar{a}_A + v\theta \bar{a}_B + \bar{a}_A(\bar{p}_A - c) - c_t \bar{a}_k = 0 \quad (3)$$

$$\frac{\partial \pi_B}{\partial q_B} = 1 - 2q_B - q_A + v\bar{a}_B + v\theta \bar{a}_B + \bar{a}_B(\bar{p}_B - c) - c_t \bar{a}_k = 0 \quad (4)$$

由此解得均衡用户数为：

$$q_A^* = \frac{[1 + (2\theta - 1)v + c - \bar{p}_B]\bar{a}_B}{3} + \frac{c_t(a - 1)}{3} + \frac{[v(2 - \theta) + 2\bar{p}_A - 2c]\bar{a}_A}{3} \quad (5)$$

$$q_B^* = \frac{[1 + (2\theta - 1)v + c - \bar{p}_A]\bar{a}_A}{3} + \frac{c_t(a - 1)}{3} + \frac{[v(2 - \theta) + 2\bar{p}_B - 2c]\bar{a}_B}{3} \quad (6)$$

$$q_A^* + q_B^* = \frac{[1 + v(\theta + 1) + \bar{p}_A - c]\bar{a}_B + [1 + v(\theta + 1) + \bar{p}_A - c]\bar{a}_A + 2c_t(a - 1)}{3} \quad (7)$$

$$q_A^* - q_B^* = \frac{[1 + 3v(\theta - 1) + 3c - 3\bar{p}_B]\bar{a}_B + [1 + 3v(1 - \theta) + 3\bar{p}_A - 3c]\bar{a}_A}{3} \quad (8)$$

下面分析互联互通质量与两骨干网 A、骨干网 B 的均衡用户数、市场总均衡用户数以及两者均衡用户之差之间的关系。分别对式（5）至式（8）求导可得：

$$\frac{dq_A^*}{d\theta} = \frac{2v\bar{a}_B}{3} - \frac{v\bar{a}_A}{3} \tag{9}$$

$$\frac{dq_B^*}{d\theta} = \frac{2v\bar{a}_A}{3} - \frac{v\bar{a}_B}{3} > 0 \tag{10}$$

$$\frac{d(q_A^* + q_B^*)}{d\theta} = \frac{va}{3} > 0 \tag{11}$$

$$\frac{d(q_A^* - q_B^*)}{d\theta} = -v\Delta > 0 \tag{12}$$

（1）结论 1：

（a）当 $0 \leq \bar{a}_B < \frac{1}{2}\bar{a}_A$ 时，$\frac{dq_A^*}{d\theta} < 0$。骨干网 A 的均衡用户数量随着两骨干网之间互联质量 θ 的改善而减少。当 $\bar{a}_A > \bar{a}_B > \frac{1}{2}\bar{a}_A$ 时，$\frac{dq_A^*}{d\theta} > 0$。骨干网 A 的均衡用户数量随着两骨干网之间互联质量 θ 的改善而增加。当 $\bar{a}_B = \frac{1}{2}\bar{a}_A$ 时，骨干网 A 的均衡用户数量与两骨干网之间的互联质量 θ 的大小无关。

（b）骨干网 B 的均衡数量随着两骨干网之间互联质量 θ 的改善而增加。

（c）市场总均衡用户数随着两骨干网之间互联质量 θ 的改善而增加。

（d）骨干网 A 与骨干网 B 的市场均衡用户之差随着两骨干网之间互联互通质量 θ 的改善而减少。

将骨干网 A、骨干网 B 的均衡用户数 q_A^*、q_B^* 代入各自的利润表达式（1）和式（2）中，得到的均衡利润如下：

$$\pi_A^* = q_A^* + q_A^{*2} - \frac{2\bar{a}_B + \bar{a}_A}{3}q_A^* + \bar{a}_A \bar{p}_A q_B^* - F \tag{13}$$

$$\pi_B^* = q_B^* + q_B^{*2} - \frac{2\bar{a}_A + \bar{a}_B}{3}q_B^* + \bar{a}_B \bar{p}_B q_A^* - F \tag{14}$$

两骨干网的总用户剩余为：

$$CS(\tau) = \int_{1-q_A-q_B}^{1} (\tau - 1 + q_A + q_B) d\tau = \frac{(q_A + q_B)^2}{2} \tag{15}$$

接下来，分析互联互通质量与两骨干网 A、骨干网 B 的均衡利润以及消费者总剩余之间的关系。分别对式（13）至式（15）求导得：

$$\frac{d\pi_A^*}{d\theta} = \left(1 + 2q_A^* - \frac{2\bar{a}_B + \bar{a}_A}{3}\right)\frac{dq_A^*}{d\theta} + \bar{a}_A \bar{p}_A \frac{dq_B^*}{d\theta} \tag{16}$$

$$\frac{d\pi_B^*}{d\theta} = \left(1 + 2q_B^* - \frac{2\bar{a}_A + \bar{a}_B}{3}\right)\frac{dq_B^*}{d\theta} + \bar{a}_B \bar{p}_B \frac{dq_A^*}{d\theta} \tag{17}$$

$$\frac{dCS}{d\theta} = 2(q_A^* + q_B^*)\frac{d(q_A^* + q_B^*)}{d\theta} \geq 0 \tag{18}$$

（2）结论2：

（a）当 $\bar{a}_A > \bar{a}_B \geq \frac{1}{2}\bar{a}_A$ 时，$\frac{d\pi^{A*}}{d\theta} > 0$ 且 $\frac{d\pi^{B*}}{d\theta} > 0$。两个骨干网都偏向完美互联，即互联互通质量 $\theta = 1$。

（b）当 $0 \leq \bar{a}_B < \frac{1}{2}\bar{a}_A$ 时，$\frac{dq_A^*}{d\theta} < 0$，$\frac{dq_B^*}{d\theta} > 0$。无法确定 $\frac{d\pi_A^*}{d\theta}$ 与 $\frac{d\pi_B^*}{d\theta}$ 的大小，此时两骨干网的互联质量与利润的关系也就无法确定。

（c）当两骨干网之间的互联互通质量增加时，两骨干网的总用户剩余也随之增加，说明提高两骨干网之间的互联互通质量对消费者而言是有利的。当两骨干网规模差异相差不大时 $\left(\frac{a}{2} < \bar{a}_A \leq \frac{2}{3}a\right)$，骨干网企业与消费者对互联互通质量的需求方向是一致的，即都倾向于完美的互联。

四 结论与建议

本文主要采用简单的两阶段博弈分析方法，研究了不同 ICP 基数规模差异下两骨干网直联并与第三方骨干网转接时，直联的骨干网对互联质量的偏好问题。为了更好地分析结论，我们运用图形加以说明。假设 $\bar{a}_A + \bar{a}_B = a = 0.6$，则 $\bar{a}_K = 1 - a = 0.4$。取 $v = 0.2$，$c = 0.5$，$c_t = 0.6$，$\bar{p}_A = 0.9$，$\bar{p}_B = 0.8$，$F = 0$。

得到图3和图4。

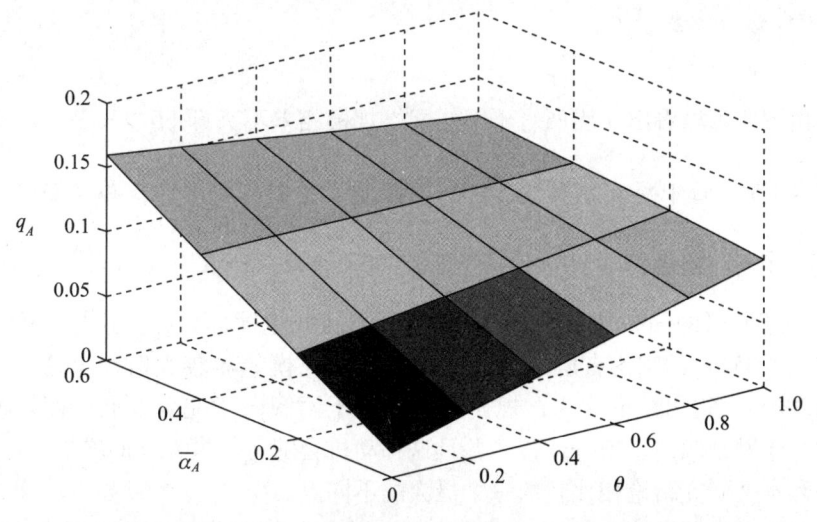

图3 骨干网 A 的用户数量与互联质量以及网络规模的关系

资料来源：笔者绘制。

由图 3 可以看出，当两骨干网的网络规模相差不大即 $\left(0.3 = \dfrac{a}{2} < \bar{a}_A \leqslant \dfrac{2}{3}a = 0.4\right)$ 时，骨干网 A 的用户数随着互联质量的提高而增加；而当网络规模差异达到一定程度即 $\left(0.4 = \dfrac{2}{3}a < \bar{a}_A < a = 0.6\right)$ 时，骨干网 A 的用户数随着互联质量的提高而减少。对于骨干网 B 而言，其用户数会一直随着互联质量的提高而增加。

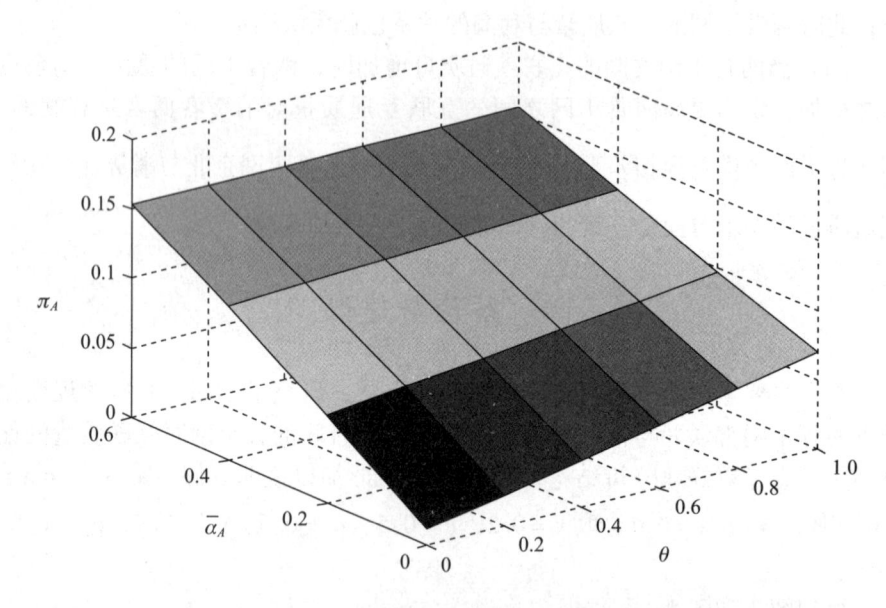

图 4　骨干网 A 的利润与互联质量以及网络规模的关系
资料来源：笔者绘制。

由图 4 可以看出，当两骨干网的网络规模相差不大即 $\left(0.3 = \dfrac{a}{2} < \bar{a}_A \leqslant \dfrac{2}{3}a = 0.4\right)$ 时，骨干网 A 的利润会随着互联质量的提高而增加，并且偏好完美互联；而当网络规模差异达到一定程度即 $\left(0.4 = \dfrac{2}{3}a < \bar{a}_A < a = 0.6\right)$ 时，骨干网 A 对于互联的偏好是不确定的。对于骨干网 B 也同样如此。这与王琦、吕廷杰（2005a）的结论有所不同。在两骨干网规模差异较大时，王琦、吕廷杰（2005a）得出结论认为，规模较小的骨干网倾向于完美互联，而规模较大的骨干网则倾向于断开连接，并且这种动机会随着规模差异的增加而增大。这是和本文研究结论相比较的一个最大的不同点。

在本文的研究中，对于消费者来说，他们是期望提高互联互通质量的，因为互联互通质量的提高会增加消费者剩余；对于政府来说，显然优先考虑消费者利益。所以，当骨干网之间极不对称，从而无法确定企业互联决策行为时，此时，最好的解决方式是政府对骨干网市场的市场结构进行调整，解决市场结构不对称问题，使骨干网市场的力量处于相对均衡状态。当市场结构比较对称即不对称程度较小时，企业的行为与政府期望是一致的，都倾向于完美的互联。此时，政府不必对骨干网之间的互联质量进行监管，市场也能达到预期的效果。所以，笔者认为，形成平衡合理的市场结构是解决互联互通问题的关键。另外，对于本文中提到的转接互联的连接方式，我国政府出于安全考虑，一直禁止骨干网提供转接服务。但是，为了实现市场结构的平衡性，可以鼓励转接互联方式的发展，提高市场竞争力。关于互联方式的选择问题，本文在直联中加入了转接方式，但并没有对转接方式下的两骨干网互联质量的选择进行分析。在构建两网利润公式时，也没有将结算费用考虑在内。在之后的研究中，可以对模型进行相应改进，以进一步了解互联互通的实质。

参考文献

[1] Jahn, E. and Prüfer, J., Interconnection and competition among asymmetric networks in the Internet backbone market [J]. *Information Economics & Policy*, 2008, 20 (3): 243 – 256.

[2] Øystein Foros, Kind, H. J. and Sand, J. Y., "Do Incumbents Have Incentives to Degrade Interconnection Quality in the Internet?", 2003, NCFS Working Paper Series in Economics and Management, No. 10/03.

[3] Cremer, J., Rey, P. and Tirole, J., Connectivity in the Commercial Internet [J]. *Journal of Industrial Economics*, 2000, 48 (4): 433 – 472.

[4] Economides, N., Broadband Openness Rules are Fully Justified by Economic Research [J]. *Social Science Electronic Publishing*, 2010, 84.

[5] 王琦，吕廷杰. 非对称互联网骨干网网间互联激励分析 [J]. 吉林大学学报（信息科学版），2005a (4): 362 – 367.

[6] 王琦，吕廷杰. 互联网骨干网连接方式的最优选择博弈 [J]. 中国管理科学，2006 (2): 90 – 93.

[7] 王琦，吕廷杰. 互联网骨干网网间直联博弈对管制政策的影响 [J]. 数量经济技术经济研究，2005b (2): 74 – 86.

[8] 王林. 互联网产业竞争与规制 [D]. 江西财经大学，2013.

[9] 杨庆丰. 互联网骨干网互联互通研究 [D]. 北京邮电大学，2007.

[10] 张昕竹，陈剑. 互联网骨干网互联与结算治理模式比较研究及其启示 [J]. 经济社会体制比较，2013 (3): 179 – 188.

[11] 张玲. 我国骨干网互联结算的政府规制研究 [D]. 江西财经大学，2015.

An Analysis on Interconnection Decision of Asymmetric Internet Backbone

Mei – juan LI   Qian – bing XIAO

(College of Economy and Management of Yunnan Normal University,
Kunming 650500, China)

Abstract: This paper discusses the preference of interconnection quality selection in asymmetric Internet backbone network by game model. The quality of the interconnection between the backbones plays an important role in the development of the Internet services, and the backbone network will be compared with the size of the backbone network to which it is connected, selecting the right quality, gaining more users and profits in the market. By analyzing the influence of the size of the interconnection quality on the backbones in the game model, it can be seen that the preference of the two networks is different when the size of the two backbones is different. When the differences in network size is small, the two backbones prefer perfect interconnection, but when the size differences is large, the preference of the two backbones for interconnection quality is uncertain. At that time, the users of large backbone decreases with the increase of interconnection quality, while the users of small backbone increases with the increase of interconnection quality. Finally, the conclusion of the model is used to explain the interconnection decision of the backbone network enterprises, and the rationalization suggestions are put forward for the development of the Internet backbone in China.

Key words: Asymmetric; Internet Backbone; Network Interconnection; Internet Decision

JEL Classification: L11, L13, L96

资本体现式技术进步、资本深化与经济增长

杜 丽 高帅雄

(东北财经大学产业组织与企业组织研究中心,辽宁 大连 116025;
东北财经大学财政税务学院,辽宁 大连 116025)

摘 要 资本体现式技术进步是中国技术进步的主要形式。通过构建包含资本品生产部门与包含资本品进出口部门两种不同生产模式下的一般均衡模型并进行数值模拟发现,资本体现式技术进步率的提高在促进生产部门资本深化的同时可以增加劳动需求,促进经济增长。目前,国内资本品生产部门难以满足最终产品部门对先进资本设备品的需求,国内最终产品部门需通过进口方式满足资本设备需求。这种生产方式不利于经济的长期发展。在未来的经济发展中,中国需要着力发展资本品生产部门,实现经济增长方式的转型升级。

关键词 资本体现式技术进步;资本深化;经济增长

一 引言

改革开放以来,中国经济持续快速的增长取得了举世瞩目的成绩,但是,随着中国经济步入"新常态",过度投资及产能过剩问题的凸显使中国经济增长方式的可持续性备受质疑。许多学者通过测算中国全要素生产率,发现中国技术进步对经济增长的贡献不断下降,以此证明中国经济增长不具有可持续性(Young,2003;王小鲁等,2009)。但是,体现中性技术进步特性的全要素生产率并没有涵盖全部类型的技术进步(Felipe,1999;Gordon,2000)。Solow(1960)根据技术进步不同的表现形式,将其分为非体现式技术进步与体现式(Embodied)技术进步。非体现式技术进步是指独立于要素

[作者简介] 杜丽(通讯作者),东北财经大学产业组织与企业组织研究中心博士研究生;高帅雄,东北财经大学财政税务学院博士研究生。

投入的资本进步（黄先海、刘毅群，2006）；体现式技术进步是指附着于投入要素的技术进步，主要分为劳动体现式技术进步（技能型劳动力比例提高或"干中学"等潜在因素而导致的劳动效率改进）与资本体现式技术进步（内嵌于新资本设备中的技术创新而诱致的资本效率改进）（沈小波、林伯强，2017）。在中国，以新设备投资方式为主的资本体现式技术进步已经成为技术进步的重要推动力量（林毅夫，2007），其对经济增长的贡献达28%，而非体现式技术进步的贡献则严重不足（张勇、古明明，2013）。此外，资本体现式技术进步对经济总产出的增长具有资本深化效应（Edward，1991；黄先海、刘毅群，2008）。资本深化是人均资本量随时间推移而增长的过程（Samuelson，1954），是经济发展的必经阶段（Hoffman，1958）。一方面，内嵌有体现式技术进步的设备投资同时提升了资本的质量与数量，在人均资本量较低、资本的边际产出效率较高时，新的、生产效率更高的资本设备品的引入对经济增长同时产生资本深化效应与技术进步效应；但是，随着资本投入增加，资本边际产出效率下降，继续增加资本投入将弱化其对产出增长的贡献。另一方面，许多研究认为，资本深化是一条资本排斥劳动的工业化技术路径，可能导致严重的失业问题（张军，2002；吴敬琏，2005），经济增长难以为继。但是，也有一些学者认为，资本深化未必对就业造成严重的不利影响，例如，Paul（1983）认为，资本虽然会替代劳动，但资本深化在对就业产生挤出效应的同时，也会在一定程度上补偿就业损失，补偿如果足够大，资本深化不会引起严重的失业问题。

通过上述论述可知，资本体现式技术进步不仅会引致资本深化，而且会影响就业进而共同影响经济增长。但是，少有研究将这三者作为一个统一的整体。因此，深入剖析资本体现式技术进步是否会带来资本深化，改变要素部门的使用结构，进而影响经济增长的可持续性成为本文的研究思路。此外，本文对比分析了不同生产模式下资本体现式技术进步对经济增长的影响差异，为中国的经济转型升级提供政策依据。

本文余下部分结构安排如下：第二部分构建不同生产模式下的一般均衡模型；第三部分数值模拟资本体现式技术进步率变化对资本深化、就业、经济增长等变量的影响；第四部分分析比较两种生产模式下的经济增长情况，探讨适合中国未来发展的经济增长路径；最后得出本文的结论。

二 一般均衡模型

资本体现式技术进步对资本深化和就业的影响机制依托于不同的经济生产模式。最终产品生产部门发生资本体现式技术进步时必然增加对新资本设备的需求，如果本国的资本品生产部门能够满足最终产品生产部门需求，那么，资本设备需求增加会促使资本品生产部门扩大生产规模，提高劳动需求，促进经济增长；但是，如果本国的资本品生产部门无法满足最终产品生产部门新增资本设备的需求，那么生产部门只能通过进口的方式获得新的资本设备，这种情况下，最终产品部门为了实现贸易均衡，需要出口更多产品。海外需求的增加会扩张生产部门，增加劳动需求，实现经济增长。上述两种生产模式形成了特定的经济增长路径，但是，这两种路径究竟孰优孰劣，哪种路径更有利于经济的长期发展，仍值得思考。

首先构建一个包含资本品生产部门的三部门模型（即本国的资本品生产部门能够满足最终产品部门的资本设备需求），模型包括消费者、最终产品生产部门和资本品生产部门。然后，本文构建了包含进出口部门的三部门模型（即本国最终产品部门的资本设备需求通过进口得到满足），模型包括消费者、最终产品生产部门和进出口部门。在此基础上，本文通过求一般均衡解及数值模拟，剖析了不同生产模式下，最终产品部门资本体现式技术进步对资本深化程度、劳动需求及产出等变量的影响。

（一）包含资本品生产部门的一般均衡模型

假设经济体中包含两个生产部门和一个消费部门。两个生产部门分别是最终产品生产部门和资本品生产部门。最终产品生产部门的产品由消费者消费，资本品生产部门为最终产品生产部门提供所需的资本设备等资本品。令 Y_1 表示该部门生产的最终产品，则：

$$Y_1 = \left[(AK_1)^{\frac{\sigma-1}{\sigma}} + L_1^{\frac{\sigma-1}{\sigma}} \right]^{\frac{\sigma}{\sigma-1}} \tag{1}$$

其中，K_1 为该部门生产所需的资本品，L_1 为所需劳动力（由消费者供给），σ 是资本—劳动替代弹性，A 表示资本体现式技术进步。[①] 最终产品生产部门的利润最大化决策为：

$$\max \left[(AK_1)^{\frac{\sigma-1}{\sigma}} + L_1^{\frac{\sigma-1}{\sigma}} \right]^{\frac{\sigma}{\sigma-1}} - pK_1 - wL_1 \tag{2}$$

其中，p、w 分别表示最终产品产生部门使用的资本与劳动的价格，分别由资本品生产部门和均衡模型决定，属于内生变量。设其生产函数为：

$$Y = K^\beta L^\gamma \qquad \beta + \gamma = 1 \tag{3}$$

其中，Y 表示资本品生产部门所生产的资本设备产量，K、L 分别为生产资本品所需的资本和劳动，β、γ 分别是资本和劳动的产出弹性。资本品生产部门的资本来自借贷市场，借贷市场的资金供给源于消费者的储蓄，r 为消费者面临的利率。此时，资本品生产部门的利润最大化决策为：

$$\max pK^\beta L^\gamma - rK - wL \tag{4}$$

对于消费者而言，根据世代交叠模型，假设经济体系中的消费者能够生

[①] 黄先海、刘毅群（2006）认为，物化性技术进步（资本体现式技术进步）的主要作用是提高资本的生产效率，其在生产函数中的表现形式应为：$J = AK$，其中，K 表示资本，A 表示平均资本体现式技术进步。

活两期，消费者在每一期中决定自身的消费和劳动供给，消费者仅在年轻时储蓄。此时，消费者效用最大化决策为：

$$\max \alpha \ln C + (1-\alpha)\ln l + \alpha \ln C' + (1-\alpha)\ln l' \tag{5}$$

$$\text{s.t. } C + \frac{C'}{1+r} = w(1-l) + \frac{w(1-l')}{1+r} \tag{6}$$

$$S = w(1-l) - C \tag{7}$$

其中，C 为消费者在年轻时的消费，C' 为消费者在年老时的消费，l 是消费者年轻时对闲暇的消费，l' 为消费者年老时对闲暇的消费，α 是消费与闲暇的替代弹性，反映消费者对消费与闲暇的偏好。w 为实际工资（假设两期的工资水平相同），S 是消费者在年轻时的储蓄。对消费者而言，当其效用达到最大化时，其决策变量分别为：

$$l = \frac{(1-\alpha)(2+r)}{2(1+r)} \tag{8}$$

$$l' = \frac{(1-\alpha)(2+r)}{2} \tag{9}$$

$$C = \frac{\alpha w(2+r)}{2(1+r)} \tag{10}$$

$$C' = \frac{\alpha w(2+r)}{2} \tag{11}$$

$$S = \frac{wr}{2(1+r)} \tag{12}$$

当市场达到一般均衡时，最终产品市场均衡条件为：最终产品部门的产出等于年轻时的消费、储蓄和年老时的消费之和，即 $Y_1 = C + S + C'$；资本品生产市场均衡条件为：资本品生产部门生产的资本设备等于最终产品部门的资本需求，即 $Y = K_1$；劳动市场均衡条件为：两个生产部门的劳动总需求等于消费者的劳动总供给，即 $L + L_1 = 2 - l - l'$；借贷市场均衡的条件为：资本品生产部门的资本需求等于借贷市场的资本供给，即 $K = S$。根据一般均衡的约束条件，得出资本品生产部门的资本需求、劳动需求和产出分别为：

$$K = S = \frac{wr}{2(1+r)} \tag{13}$$

$$L = \frac{\gamma r^2}{2\beta(1+r)} \tag{14}$$

$$Y = \left[\frac{wr}{2(1+r)}\right]^\beta \left[\frac{\gamma r^2}{2\beta(1+r)}\right]^\gamma \tag{15}$$

最终产品部门的资本需求、劳动需求和产出分别为：

$$K_1 = \left[\frac{wr}{2(1+r)}\right]^\beta \left[\frac{\gamma r^2}{2\beta(1+r)}\right]^\gamma \tag{16}$$

$$L_1 = \frac{\left[\frac{wr}{2(1+r)}\right]^\beta \left[\frac{\gamma r^2}{2\beta(1+r)}\right]^\gamma}{\left(\frac{w}{p}\right)^\sigma A^{\sigma-1}} \tag{17}$$

$$Y_1 = \frac{\left[\frac{wr}{2(1+r)}\right]^\beta \left[\frac{\gamma r^2}{2\beta(1+r)}\right]^\gamma}{\left(\frac{w}{p}\right)^\sigma A^{\sigma-1}} \left[1 + \left(\frac{w}{p}A\right)^{\sigma-1}\right]^{\frac{\sigma}{\sigma-1}} \tag{18}$$

当最终产品市场实现均衡时可得：

$$\frac{\left[\frac{wr}{2(1+r)}\right]^\beta \left[\frac{\gamma r^2}{2\beta(1+r)}\right]^\gamma}{\left(\frac{w}{p}\right)^\sigma A^{\sigma-1}} \left[1 + \left(\frac{w}{p}A\right)^{\sigma-1}\right]^{\frac{\sigma}{\sigma-1}} = \frac{\alpha w(2+r)^2 + wr}{2(1+r)} \tag{19}$$

当劳动力市场出清时可得：

$$\frac{\gamma r^2}{2\beta(1+r)} + \frac{\left[\frac{wr}{2(1+r)}\right]^\beta \left[\frac{\gamma r^2}{2\beta(1+r)}\right]^\gamma}{\left(\frac{w}{p}\right)^\sigma A^{\sigma-1}} = 2 - \frac{(1-\alpha)(r+2)^2}{2(1+r)} \tag{20}$$

（二）包含进出口部门的一般均衡模型

前文的结论是基于资本品生产部门生产的资本设备能够满足最终产品部门需求的假设得出的，但这与中国的现实状况并不相符。比如，近年来，由于中国的装备制造本身自主创新能力较弱，产品技术水平较低，导致许多最终产品生产企业直接从国外大量进口装备制造零部件和整套的机械设备（楚明钦、陈启斐，2013）。因此，中国经济体中尽管已经存在为最终产品部门提供资本设备的中间部门，但并不能满足最终部门的设备需求。所以，本文构建包括进出口部门的一般均衡模型。在此模型中，最终产品部门的生产函数、决策函数和消费者的效用函数与包含资本品生产部门的一般均衡模型中的设定一致。此时，经济体中不存在满足最终产品部门资本设备需求的资本品生产部门，模型中增加了进出口部门。进出口部门的均衡表示为进口等于出口。因此，当经济实现一般均衡时，应满足以下条件：最终产品市场均衡时要求最终产品部门的产品除满足本国需求外，还要出口满足国外需求，即 $Y_1 = C + S + C' + N$；劳动市场均衡时要求经济体中当期的年轻人和老年人都在最终产品部门工作，即 $L_1 = 2 - l - l'$；借贷市场实现均衡时要求最终产品部门的资本需求等于借贷市场的资本供给，即 $K_1 = S$。需要靠投资，而投资需要通过借贷市场融资，并购买国外的先进资本设备；进出口部门实现均衡时，购买国外资本设备的资本需求等于借贷市场的资本供给，即 $N = E = K_1$，其中，N 表示出口，E 表示进口。

此时，最终产品部门的利润最大化决策仍为：

$$\max\left[(AK_1)^{\frac{\sigma-1}{\sigma}} + L_1^{\frac{\sigma-1}{\sigma}}\right]^{\frac{\sigma}{\sigma-1}} - pK_1 - wL_1 \qquad (21)$$

与包含资本品生产部门的一般均衡模型不同的是，这里的资本价格 p 中不仅包含最终产品部门支付的利息，还包括因设备进口的其他成本。

由于借贷市场均衡时，$K_1 = S$，因此可得最终产品部门的资本使用为：

$$K_1 = S = \frac{wr}{2(1+r)} \qquad (22)$$

根据厂商利润最大化条件，最终产品部门的劳动需求为：

$$L_1 = \frac{\frac{wr}{2(1+r)}}{\left(\frac{w}{p}\right)^{\sigma} A^{\sigma-1}} \qquad (23)$$

最终产品部门的总产出为：

$$Y_1 = \frac{\frac{wr}{2(1+r)}}{\left(\frac{w}{p}\right)^{\sigma} A^{\sigma-1}} \left[1 + \left(\frac{w}{p}A\right)^{\sigma-1}\right]^{\frac{\sigma}{\sigma-1}} \qquad (24)$$

劳动力市场实现均衡时可得：

$$\frac{\frac{wr}{2(1+r)}}{\left(\frac{w}{p}\right)^{\sigma} A^{\sigma-1}} = 2 - \frac{(1-\alpha)(r+2)^2}{2(1+r)} \qquad (25)$$

进出口部门均衡时可得：

$$N = E = \frac{wr}{2(1+r)} \qquad (26)$$

最终产品市场均衡时可得：

$$\frac{\frac{wr}{2(1+r)}}{\left(\frac{w}{p}\right)^{\sigma} A^{\sigma-1}} \left[1 + \left(\frac{w}{p}A\right)^{\sigma-1}\right]^{\frac{\sigma}{\sigma-1}} = \frac{\alpha w(2+r)^2 + wr}{2(1+r)} + \frac{wr}{2(1+r)} \qquad (27)$$

三　数值模拟结果与评价

本文首先通过查阅已有研究中关于生产函数、消费函数参数的测算对理论模型进行数值模拟，然后通过改变参数和数值模拟结果，解释、分析其对经济中其他变量的影响。

（一）包含资本品生产部门的一般均衡模型数值模拟

理论模型中所涉及的参数包括 α、β、γ、σ 和 A。其中，α 反映了消费者对消费和闲暇间的偏好。根据式（10）和式（12）推导可知，$\dfrac{C}{S} = \dfrac{C/Y}{S/Y} =$

$\frac{\alpha(2+r)}{r}$，因此，α 与消费者的消费率、储蓄率有关。根据李世刚、尹恒（2014）的计算可知，中国消费者的平均储蓄率为 0.35，那么平均消费率为 0.65，因此，α 就可以表示为利率 r 的函数，代入上文计算。根据翁杰、周礼（2010）的测算，中国工业部门的平均劳动收入份额为 0.212，因此，可设资本的产出弹性 β = 0.788，劳动的产出弹性 γ = 0.212。就 σ 取值而言，Grandville（2001）曾提出，要素替代弹性与经济增长密切相关，经济高速增长的国家或地区的要素替代弹性往往大于 1，而经济处于稳态的国家和地区的要素替代弹性往往小于 1。中国经济目前仍处于高速增长期，因而本文取 σ > 1，具体取值为 σ = 1.3（郑猛，2016）。A 是本文数值模拟的控制参数，通过改变两个参数值的大小，分析其他变量的变化。关于 A 值，由于 A 值表示资本体现式的技术进步，其在生产中的作用是提高资本使用效率，进而提高生产效率。因此，A 值大于 1。本文关于 A 分别取 A = 1.25、A = 1.5、A = 1.75 和 A = 2。在设定相关参数后，本文通过相关计算进行数值模拟，并得到相应的模拟结果。表 1 展示了 A 取不同值时各变量的具体数值和相应的增长额。

表 1　　包含资本品生产部门的一般均衡模型数值模拟结果

变量				
A	1.2500	1.5000	1.7500	2.0000
ΔA	—	0.2500	0.2500	0.2500
r	1.8773	2.0607	2.2257	2.3763
Δr	—	0.1834	0.1650	0.1506
p	4.2966	4.7130	5.0904	5.4374
Δp	—	0.4164	0.3774	0.3470
w	8.1551	8.9216	9.6369	10.3107
Δw	—	0.7665	0.7153	0.6738
C	5.3208	6.0067	6.6493	7.2569
ΔC	—	0.6859	0.6426	0.6076
C′	15.3094	18.3850	21.4487	24.5019
ΔC′	—	3.0756	3.0637	3.0532
S = K	2.6604	3.0034	3.3247	3.6285
ΔS = ΔK	—	0.3430	0.3213	0.3038
L	0.1648	0.1866	0.2066	0.2250

续表

变量				
A	1.2500	1.5000	1.7500	2.0000
ΔL	—	0.0218	0.0200	0.0184
$Y = K_1$	1.4751	1.6665	1.8447	2.0124
$ΔY = ΔK_1$	—	0.1914	0.1782	0.1677
L_1	0.5997	0.6437	0.6803	0.7114
$ΔL_1$	—	0.0440	0.0366	0.0311
Y_1	21.9823	26.9601	32.0265	37.1774
$ΔY_1$	—	4.9778	5.0664	5.1509
L^D	0.7645	0.8303	0.8869	0.9364
$ΔL^D$	—	0.0658	0.0566	0.0495
K_1/L_1	2.4597	2.5889	2.7116	2.8288
$Δ(K_1/L_1)$	—	0.1292	0.1227	0.1172
K/L	16.1432	16.0954	16.0924	16.1267
Δ(K/L)	—	−0.0478	−0.0029	0.0342
Y_1/L_1	36.6555	41.8830	47.0770	52.2595
$Δ(Y_1/L_1)$	—	5.2275	5.1940	5.1825
Y/L	8.9508	8.9309	8.9288	8.9440
Δ(Y/L)	—	−0.0200	−0.0020	0.0152
G	28.3202	34.8143	41.4168	48.1196
ΔG	—	6.4941	6.6024	6.7029
G/L^D	37.0441	41.9298	46.6983	51.3879
$ΔG/L^D$	—	4.8857	4.7685	4.6896

注：L^D 表示均衡时的劳动总需求量；G 表示均衡时的总产值，$G = Y_1 + p × Y$。
资料来源：笔者计算。

由表1可知，当资本体现式技术进步率（A 值）每增加 0.25 时，经济体系中的利率、工资率和资本品的价格都随之提高。

对消费者而言，随着 A 的幅度增加，年轻时的消费与年老时的消费都增加，年老时的消费增长幅度明显大于年轻时期，经济体当期的总消费也增加；年轻人的储蓄也增加。但是，随着 A 的幅度增加，年轻时与年老时的消费、储蓄、利率、工资率和中间资本品价格的边际增长率是递减，说明资本体现式技术进步率的提升对消费的影响逐渐减弱。

对生产部门而言,随着最终产品部门资本体现式技术进步的增长,最终产品部门及资本品生产部门对资本、劳动的需求均增加,经济体系中的劳动总需求增加。但是,随着 A 的幅度递增,上述变量的增长幅度会逐渐下降,即尽管 A 值的提高能够提升两部门对资本和劳动的需求,但边际增量是递减的;生产要素需求的增加会促进两部门产出的增长,但最终产品部门产出的增长幅度明显大于资本品生产部门,而且最终产品部门的人均产出增长幅度也明显大于资本品生产部门的人均增长幅度,说明最终产品部门资本体现式技术进步具有经济增长效应,但是,经济增长效应却在弱化。值得注意的是,当 A 增长时,最终产品生产部门的人均资本量(即资本深化)逐渐增加,但增加幅度逐年递减,资本品生产部门的人均资本量先下降后上升,说明只有体现式技术进步达到一定程度后,资本品生产部门的资本深化程度会逐渐加深。

通过对表 1 中数值模拟结果进行分析可知,总体而言,最终产品部门的资本体现式技术进步率提高促进了消费、产出以及就业的增加,但增长幅度递减,表明资本体现式技术进步对经济增长的促进作用逐渐减弱。

(二) 包含进出口部门的一般均衡模型数值模拟

包含进出口部门的一般均衡模型主要涉及参数及 A 值的设定与上文相同,表 2 显示了当 A 值的幅度增加时,经济体中其他变量的变动情况。

表 2　　包含进出口部门的一般均衡模型数值模拟结果

变量				
A	1.2500	1.5000	1.7500	2.0000
ΔA	—	0.2500	0.2500	0.2500
r	1.8824	2.3126	2.7196	3.1088
Δr	—	0.4302	0.4070	0.3892
p	3.8824	4.3126	4.7196	5.1088
Δp	—	0.4302	0.4070	0.3892
w	9.0251	9.7498	10.3939	10.9739
Δw	—	0.7247	0.6441	0.5800
C	5.0894	6.8066	7.5996	8.3031
ΔC	—	1.7172	0.7930	0.7035
C′	16.9892	22.5477	28.2676	34.1154
$\Delta C'$	—	5.5585	5.7199	5.8478

续表

变量				
A	1.2500	1.5000	1.7500	2.0000
$S = K_1$	2.9470	3.4033	3.7998	4.1515
$\Delta S = \Delta K$	—	0.4563	0.3965	0.3517
L_1	0.9206	1.0436	1.1511	1.2481
ΔL_1	—	0.1230	0.1075	0.0970
Y_1	27.9726	36.1609	43.4668	50.7215
ΔY_1	0.0000	8.1883	7.3059	7.2547
K_1/L_1	3.2012	3.2611	3.3010	3.3263
$\Delta (K_1/L_1)$	—	0.0599	0.0399	0.0252
Y_1/L_1	30.3852	34.6502	37.7611	40.6390
$\Delta (Y_1/L_1)$	—	4.2650	3.1109	2.8779

资料来源：笔者计算。

与表1数值模拟结果相似，在表2中，A值每增加0.25，经济体系中的利率、工资率和资本价格均随着资本体现式技术进步的提高而增长；消费者年轻时的消费、储蓄增加，年老时的消费也增加，但边际增长量递减；最终产品生产部门对资本、劳动的需求随之增加，进而促进产出增长，最终产品部门的资本深化程度提高。

通过对表2中数值模拟结果进行分析可知，与包含资本品生产部门的一般均衡模型数值模拟结果相似，最终产品生产部门资本体现式技术进步的增长都会促进经济整体的增长和发展。

四　两种生产模式的比较分析与经济增长的路径选择

（一）两种生产模式的比较

尽管两种生产模式下，最终产品部门因资本体现式技术进步提高对经济体各要素的影响，但对变量的影响是不同的。对比表1和表2中的相关数据，可得出以下结论：

第一，无论哪种生产模式，最终产品生产部门资本体现式技术进步与经济体系中的总产出、总消费都是正相关的。这是因为，资本体现式技术进步率的提升意味着更多高质量的新资本设备的投入，从而促进经济体系资本边际生产率的提高，在人均资本量较低时，资本边际生产率的提高会促进整个经济体系生产效率的增加，增加总产出，进而促进工资水平、消费水平的上涨，增加劳动需求，从而进一步推动经济的增长与发展。

虽然最终产品生产部门资本体现式技术进步率的提升促进了经济增长，但是，两种生产模式下各经济变量存在较大差异。对比表1与表2可以发现，对消费者而言，除资本品的价格外，依赖进口的经济生产模式下利率、工资、消费及储蓄的绝对值及增加值都高于依靠本国资本品生产部门的生产模式，总的来说，依靠进口先进资本设备的生产模式对消费者更有利，这可能是由于进口促进了国内产品市场的竞争和资本品价格的下降，消费者更有利可图。对生产者而言，对比表1和表2可以发现，包含进出口部门的生产模式下的最终产品的产出高于包含资本品生产部门的生产模式，但前者的人均产出水平却低于后者。另外，对最终产品部门产出增长率 $\Delta Y_1/Y_1$ 而言，包含进出口部门的模型实现一般均衡时，随着A的增加，最终产品产出增长率从22%降到14%，人均产出增长率由12%降到7%。包含资本品生产部门的模型实现一般均衡时，随着A的增加，最终产品产出增长率由18%降到14%，人均产出增长率由12%降到10%。进一步观察包含资本品生产部门经济体总的产值可以发现，经济体总的增长率由19%降到14%，人均总产值的增长率由12%降到9%。可见，随着资本体现式技术进步率的增加，两种生产模式下经济体的增长率均出现不同程度的下滑；就劳动生产率来说，包含资本品生产部门经济体的劳动生产率的增长率高于包含进出口部门经济体的劳动生产率增长。但是，通过比较两种模型的总产值（包含进出口部门模型的总产值为 Y_1，包含资本品生产部门经济体的总产值为G）可知，包含进出口部门经济体的总产值的增长率略高于包含资本品生产部门模型的总产值的增长率，但差别较小。此外，随着资本体现式技术进步率的增加，包含资本品生产部门经济体总产值增长率的下降幅度低于包含进出口部门经济体总产值的下降幅度。

第二，就资本深化程度而言，两种生产模式下资本深化程度都随着资本体现式技术进步率的提升而提高。A值每提高0.25时，包含资本品生产部门的生产模式下，最终产品部门的人均资本量由2.46增加到2.83，增加幅度在0.12—0.13，资本品生产部门的人均资本量先下降后上升，增长幅度在-0.02—0.02，经济总体人均资本量逐渐下降，下降幅度在0.01左右；包含进出口部门的生产模式下，最终产品生产部门的人均资本量由3.20增加到3.33，增加幅度在0.03—0.06。因此，随着A的提高，从人均资本量的总体水平来看，包含资本品生产部门的经济体中最终产品部门的人均资本量水平低于包含进出口部门的经济体最终产品部门资本深化程度；从人均资本量的增长幅度看，包含资本品生产部门的人均资本量增长幅度高于包含进出口部门的人均资本量的增长幅度，即前者的资本深化程度高于后者。

第三，就总体就业水平而言，两种生产模式下，随着A的增加，总体就业水平均增加，说明资本体现式技术进步率的提高与资本深化并不会对就业产生不利影响。包含进出口部门生产模式下，资本品生产部门和最终产品生产部门的总体就业水平在0.92—1.25，包含资本品生产部门的一般均衡模型的总体就业水平较低，保持在0.76—0.94。因此，尽管两种生产模式下，最终产品部门资本体现式技术进步率的提升促进了就业水平的提高，但是，包含进出口部门的经济体实现一般均衡时，总体就业水平高于包含资本品生产部门模型的总就业水平。这可能是因为，在包含进出口部门的生产模式下，最终产品生产部门出口更多的是劳动密集型产品，需要雇用更多的劳动力。

(二) 经济增长的路径选择

通过上文的模型构建、数值模拟和结果比较可以得出，最终产品生产部门资本体现式技术进步率的提升在资本深化加深的同时，并未降低总体就业水平，整体来说，对经济增长是有益的。但是，在包含资本品生产部门的生产模式下，经济整体呈现出较低资本深化程度、较低就业水平和较高人均产出的特征；而在包含进出口部门经济体的生产模式下，经济整体呈现出较高资本深化程度、较高就业水平和人均产出较低的特征，因此，单纯根据本文所构建的模型难以比较出两种生产模式孰优孰劣。

对中国的经济发展来讲，在经济起步阶段，中国凭借自身的劳动力数量和价格优势，通过加工贸易在短期内实现了经济的迅速增长。随着经济的发展，中国的消费结构开始转向耐用消费品（主要为家用电器设备）等技术含量更高的消费领域（袁志刚等，2009），但是，如上文所述，中国装备制造业自身由于缺乏核心技术，生产的产品难以满足国内最终产品部门对资本设备的需求，这种情况下，最终产品生产部门为了提高部门产品的技术含量，只能通过进口引进更先进的资本设备去替代旧的、技术含量低、生产效率低的资本设备。因此，中国最终产品生产部门对国外先进资本设备的需求将增加，同时，为了实现贸易均衡，只能鼓励出口更多本国的最终产品，这便是中国近年来采用的出口和投资拉动经济增长模式。在这种模式下，资本体现式技术进步率的提升对资本深化、就业补偿和经济增长的影响机制对应于上文所论述的包含进出口部门的生产模式。在这种生产模式下，最终产品生产部门对先进设备的引入不仅可以在一定程度上促进资本深化，优化资源配置效率，并且可以生产出符合国外技术标准的产品，刺激国际市场对最终产品的需求。事实上，目前，海外市场对中国最终产品的需求仍高于中国工业对资本品的需求，从而增加了最终产品部门的就业，进而促进经济增长。

然而，这种生产模式对海外市场依赖严重，不具有稳定性，一旦海外市场对中国最终产品需求下降，会造成产能过剩与严重的失业问题，甚至阻碍经济增长。更重要的是，通过进口先进设备实现资本体现式技术进步的方式不能保障中国的技术安全。虽然先进设备的引进是中国缩短与发达国家技术差距的捷径，但是，过度依赖进口容易使中国陷入"引进—落后—再引进—再落后"的恶性循环中，使中国一直受制于发达国家所建立的技术标准中，丧失了经济发展的主动性。因此，在未来中国经济的发展中，应鼓励资本品部门发展，帮助其在先进技术引进的基础上消化、创新，进行自主研发，掌握更多先进技术，转变目前过度依赖发达国家的局面。

林毅夫等（1994，1999）通过研究发现，当劳动密集型产业发展到一定程度后，中国产业结构应逐渐从劳动密集型产业转向资本密集型产业。2008年国际金融危机后，在国外市场需求持续低迷和发达国家制造业回流后，中国开始进行大范围的产业结构转型升级，技术密集型产业和资本密集型产业将逐渐成为经济体系的支柱产业。本文假设的资本品生产部门从产业属性上属于技术密集型产业和资本密集型产业范畴，因此，产业结构的转型意味着生产模式的转变，即从包含进出口部门的生产模式向包含资本品生产部门的生产模式转变。在中国产业结构转型升级的过程中，政府需要通过财政补贴等手段扶植资本品生产部门的发展，提高中国资本品生产部门产品的技术含量，使其能够满足国内最终产品部门对资本设备品的需求。这种生产模式的转变，虽然会降低最终产品部门产出增长率，但并不会影响经济整体的增长率，并且能够促进人均产值的大幅度提升，为经济的持续发展奠定基础。在这个过程中，经济体吸纳的劳动力数量会有所下降，但近年来，随着中国人口红利的逐渐消失，经济体的劳动供给数量逐渐下降，"用工荒"已经成为很多地区的普遍现象。因此，生产模式的转变并不会产生严重的失业问题，反而会促使中国经济完成产业结构转型升级和经济增长的路径转变。

五　结论

资本体现式技术进步是中国技术进步的主要形式。本文通过构建包含资本品生产部门与包含资本品进出口部门两种不同生产模式下的一般均衡模型并进行数值模拟发现，资本体现式技术进步率的提高在促进生产部门资本深化的同时增加可以劳动需求，促进经济增长。目前，国内资本品生产部门产品技术含量较低，难以满足最终产品部门对资本设备品的需求，导致最终产品部门仍需要通过进口获得先进资本设备并实现资本体现式技术进步，促进经济增长。但是，这种生产方式不利于经济的长期发展，需要从依赖进出口资本设备的生产模式向发展资本品生产部门的模式转变。经数值模拟可以发现，在这种转变过程中，虽然最终产品部门产出增长率会降低，经济体吸纳的劳动力数量会有所下降，但经济整体的增长率却会提升，人均产值也会大幅度提升，经济增长方式实现了转型升级。

参考文献

[1] Edward, N. W., Capital formation and productivity convergence over the long term [J]. *The American Economic Review*, 1991 (6): 565 – 579.

[2] Felipe, J., Total Factor Productivity Growth in East Asia: A Critical Survey [J]. *The Journal of Development Studies*, 1999, 35 (4): 1 – 15.

[3] Grandville, O. D. L., In Quest of the Slutsky Diamond [J]. *American Economic Review*, 2001, 79 (3): 468 – 481.

[4] Gordon, R. J., Does the New Economy Measure up to the Great Invention of the Past? [J]. *Journal of Economic Perspectives*, 2000, 14 (4): 49 – 74.

[5] Paul, S., *The Economic Analysis of Technological Change* [M]. Oxford: Oxford University Press, 1983.

[6] Samuelson, P. A., The Pure Theory of Public Expenditure [J]. *Review of Economics & Statistics*, 1954, 36 (4): 387 – 389.

[7] Solow, R., *Investment and Technical Progress* [M]. Palo Alto: Stanford University Press, 1960.

[8] Young, A., Gold into Base Metals: Productivity Growth in the People's Republic of China during the Reform Period [J]. *Journal of Political Economy*, 2003, 111 (6): 1220 – 1261.

[9] 楚明钦,陈启斐. 中间品进口、技术进步与出口升级 [J]. 国际贸易问题, 2013 (6): 27 – 34.

[10] 胡鞍钢. 中国城镇失业状况分析 [J]. 管理世界, 1998 (4): 47 – 63.

[11] 黄先海,刘毅群. 设备投资、体现型技术进步与生产率增长:跨国经验分析 [J]. 世界经济, 2008 (4): 47 – 61.

[12] 黄先海,刘毅群. 物化性技术进步与中国工业生产率增长 [J]. 数量经济技术经济研究, 2006, 23 (4): 52 – 60.

[13] 李世刚,尹恒. 寻租导致的人才误配置的社会成本有多大? [J]. 经济研究, 2014 (7): 56 – 66.

[14] 林毅夫. 战略抉择是经济改革与发展成功的关键[J]. 经济科学, 1994(3): 3 – 7.

[15] 林毅夫,蔡昉,李周. 比较优势与发展战略——对"东亚奇迹"的再解释 [J]. 中国社会科学, 1999 (5): 4 – 20.

[16] 林毅夫,任若恩. 东亚经济增长模式相关争论的再探讨 [J]. 经济研究, 2007 (8): 4 – 12.

[17] 沈小波,林伯强. 中国工业部门投入体现的和非体现的技术进步 [J]. 数量经济技术经济研究, 2017 (5): 72 – 87.

[18] 王小鲁,樊纲,刘鹏. 中国经济增长方式转换和增长可持续性 [J]. 经济研究, 2009 (1): 4 – 16.

[19] 吴敬琏. 增长模式与技术进步 [J]. 科技潮, 2005 (10): 4 – 17.

[20] 翁杰,周礼. 中国工业部门劳动收入份额的变动研究:1997—2008 年 [J]. 中国人口科学, 2010 (4): 50 – 55.

[21] 袁志刚, 夏林锋, 樊潇彦. 中国城镇居民消费结构变迁及其成因分析 [J]. 世界经济文汇, 2009 (4): 13–22.

[22] 张军. 增长、资本形成与技术选择: 解释中国经济增长下降的长期因素 [J]. 经济学: 季刊, 2002, 1 (1): 301–338.

[23] 张勇, 胡明明. 再谈中国技术进步的特殊性——中国体现式技术进步的重估 [J]. 数量经济技术经济研究, 2013 (8): 3–19.

[24] 郑猛. 有偏技术进步下要素替代增长效应研究 [J]. 数量经济技术经济研究, 2016 (11): 94–110.

Capital Embodied Technical Change, Capital Deepening and Economic Growth

Li DU, Shuai-xiong GAO

(Center for Industrial and Business Organization of Dongbei University of Finance and Economics, Dalian 116025, China;
School of Public Finance and Taxation of Dongbei University of Finance and Economics, Dalian 116025, China)

Abstract: Capital embodied technical change is the main form of technical change in China. Based on two general equilibrium models, one including the sector of capital goods production while the other one including the sector of capital goods import-export, this paper analyzes two different production modes. Through numerical simulation, we can find that the increase capital embodied technical change rate can not only promote capital deepening production department, but also the labor demand, thus improving economic growth. However, at present, the final product sector has to import advanced capital equipments to meet their demand. This way of production is not conducive to the long-term development of the economy. In further economic development, China needs to focus on the development of sector of capital goods production, to realize the economic growth mode transformation and upgrading.

Key words: Capital Embodied Technical Change; Capital Deepening; Economic Growth

JEL Classification: C72, L11

技术引进能否提高战略性新兴产业自主创新效率?

姜晓婧　李美潼

(东北财经大学经济学院，辽宁　大连　116025)

摘　要　发达国家的经验表明，技术引进是提升本国技术水平的重要来源，也是影响自主创新效率的重要因素。在我国战略性新兴产业的发展过程中，技术引进能否带动企业自主创新效率的提高是本文的研究重点。本文运用 DEA–Tobit 模型对 2012—2015 年战略性新兴产业上市公司的技术引进与创新效率之间的关系进行了实证分析。研究结果表明，技术引进与创新效率呈"U"形非线性关系；企业自主创新投入与创新效率之间显著负相关。最后，针对研究结果，提出了加强人才的培养与激励、重视以消化吸收为主的技术引进、建设完善的产学研创新体系等政策建议。

关键词　战略性新兴产业；技术引进；自主创新效率

一　引言

中国经济已经进入了一个增长动力切换和发展方式转变的"新常态"，经济增长必须让创新成为驱动发展的新引擎。以重大技术突破为基础的战略性新兴产业正是我国提高自主创新能力、实现技术进步的重要突破口。从2012年的《"十二五"国家战略性新兴产业发展规划》到2016年的《"十三五"国家战略性新兴产业发展规划》，都体现了从"十二五"到"十三五"我国发展战略性新兴产业的国家战略始终没有动摇。在产业创新体系方面，"十三五"规划强调企业的微观主体作用和各方协同创新的重要性。在知识

[基金项目] 辽宁省社会科学规划基金项目重点项目 (L15AJY006)。
[作者简介] 姜晓婧，东北财经大学经济学院讲师，博士；李美潼，东北财经大学经济学院硕士。

产权方面，新规划提出了一系列健全和完善相关法律法规的措施，要求务必做好知识产权保护，营造良好创新环境。结合"1+3+7"的自由贸易试验区格局，未来战略性新兴产业的发展趋势是与国际接轨、获得更多技术交流机会。然而，战略性新兴产业的发展必然要面临技术创新难题，因此，如何提高战略性新兴产业的创新效率是企业和政府共同关注、亟待探讨的问题。一些企业在创新过程中会选择引进外来技术，并逐步摸索自主的创新路径。然而，技术引进是否会"挤出"企业的自主研发投入，又能否促进企业自主创新效率的提高，是本文的研究重点。此外，随着企业与高校等科研机构的合作日趋紧密，"产学研"是否发挥了应有作用，以及企业的产权性质对自主创新效率是否产生影响，也是本文的研究内容。从已有文献来看，该领域的文章多属于产业层面的研究，基于微观企业层面的研究则较为缺乏。企业是发展战略性新兴产业的基本单位，因此，对于战略性新兴产业创新情况的研究离不开对企业的分析。本文采用战略性新兴产业的上市公司数据，探讨了技术引进对企业自主创新效率的影响机制和经验验证，以期得到对企业创新以及政府产业政策的对策建议。

二 相关文献综述

目前，对战略性新兴产业中技术引进、自主研发及创新效率的研究相对缺乏，多数文献集中于研究高技术产业的创新效率或者战略性新兴产业的企业绩效。出现这种情形的主要原因在于高技术产业概念的提出先于战略性新兴产业，而且数据更容易收集。虽然直接研究相对较少，但是，上述扩展领域的文献为本文的分析提供了理论基础和实证借鉴，下文将基于理论和方法两个角度对这几方面的文献进行筛选和梳理。

(一) 理论

学术界关于技术引进对自主研发投入的影响效应分析主要分两类观点：

1. 对立性

技术引进对自主研发产生替代效应（Lee，1996；孙建、吴利萍，2009；彭峰，2013；王伟光、冯荣凯，2015）。但是，有些学者认为，这种替代效应只是短期的（Lee，1996；王伟光、冯荣凯，2015），技术引进资金不会长期挤占研发投入。还有研究认为，只有在低技术工业企业中两者体现出替代关系（孙建、吴利萍，2009），这说明技术水平的高低也会在一定程度上影响技术引进和自主创新之间的关系。对立性还体现在对技术引进的路径依赖削弱了企业自主创新的动力（张永成、郝冬冬，2009；肖黎明、袁敏，2014），因为技术引进的短期效益高，投入比自主研发少，所以，企业有依赖技术引进的倾向，从而减少研发投入。

2. 耦合性

在高技术产业中，国外技术引进和国内技术购买与研发投入之间存在互补关系（孙建、吴利萍，2009；彭峰，2013；王伟光、冯荣凯，2015），技术引进使企业通过消化吸收先进技术，提高研发能力，从而有利于促进自主创新；自主创新可以带动企业积极学习，引进更先进的技术可以弥补自身的不足。但仍有研究对两者之间的替代或互补关系持怀疑态度。肖黎明、袁敏（2014）将企业自主创新分为四个阶段，认为只有当四个阶段的所有因素都能满足自主创新要求时，技术引进和自主创新之间才表现为互补关系，否则技术引进可能在任意阶段挤出研发投入，所以，两者之间没有确定的替代或互补关系。产生上述分歧的原因可能是研究的样本不同或者选取的方法存在差异。

学术界针对技术引进对创新效率的影响也有大量研究。一般认为，技术引进和自主研发共同促进了高技术产业技术效率的提升（吴延兵，2008；肖兴志、谢理，2011；彭峰、李燕萍，2013）。但也有一些观点认为，技术引进对创新能力的影响不显著（赵志耘、杨朝峰，2013），存在滞后现象（王伟光、冯荣凯，2015）。

总体来说，以上分析基于的理论基础不尽相同，主要理论基础包括宏观经济学的内生增长理论、产业组织理论、管理学的公司治理理论以及系统动力学等方面。理论基础的不同可能使研究结论有所差异。

（二）数据和方法

以往文献主要采用面板数据进行计量分析，从数据来源来看，一些文献采用省际高技术产业数据（彭峰、李燕萍，2013），有些采用大中型工业企业数据（王伟光、冯荣凯，2015；李光泗、徐翔，2007），也有文章收集了制造业上市公司的数据（徐欣，2015）。总体来说，采用高技术产业和大中型工业企业数据的文献较多，而直接运用战略性新兴产业上市公司数据的较少。

本文主要关注两类研究方法：一是如何对创新效率进行测度；二是如何分析技术引进对创新效率的影响。目前，学界主要运用 DEA（彭峰，2013）、SFA（余泳泽、武鹏，2010；肖兴志、谢理，2011；赵志耘、杨朝峰，2013；王伟光、冯荣凯，2015）、SBM（彭峰、李燕萍，2013）等方法对创新效率进行测度。这些方法各有优缺点，DEA 结合了投入产出指标衡量创新效率，比一般单独分析投入指标或产出指标的方法更全面。SFA 则需要预先设定生产函数的形式，虽然相比 DEA 来说可以考虑随机误差项对创新效率的影响，但是，生产函数形式的不确定性也为模型带来了一定的误差。SBM 本身是 DEA 的一种，它不用设定生产函数的具体形式，但应用得不多。

针对技术引进对创新效率的影响，其分析方法总共分为两大类：一是纯理论的规范分析；二是经验分析。在经验分析中又以计量模型为主，其中主要包括 OLS、固定效应模型、随机效应模型、Tobit 模型、VAR 模型、GMM 等。从目前已有文献来看，运用 Tobit 和 GMM 方法的居多，因为这些模型可以更好地解决内生性及样本受限等问题，使估计更为准确。

从以上分析来看，对战略性新兴产业创新效率的研究存在三点不足：（1）基于宏观产业层面的研究较多，从微观企业角度研究战略性新兴产业创新问题的较少；（2）针对创新效率的研究中，大多数着眼于高技术产业和制造业，相对而言，真正着眼于战略性新兴产业的研究较少；（3）多数文章缺乏经济学理论基础，对技术引进如何影响创新效率的理论分析相对不足。本文将从微观企业角度探讨战略性新兴产业技术引进和自主研发投入的互动关系，并基于"后发优势""技术差距"等理论，从企业规模、产权性质和产学研三个角度分析技术引进对创新效率的影响。

三　理论基础与研究假说

企业通过两种方式进行自主创新活动：一是以自我知识累积为基础进行的自主创新；二是以技术引进为基础激发的自主创新。第一种方式属于企业的原始创新，第二种方式又被称为二次创新。当企业从国内或国外通过购买的方式引进一项成熟的技术后，该项技术对企业自主创新效率的影响并非一蹴而就，整个过程需经过若干阶段不断推进，才能最终实现企业技术引进的目标。这个过程大体分为驱动阶段、引进阶段、消化吸收和再创新四个阶段。

驱动阶段所提及的驱动力主要是先进技术和市场需求。根据技术差距论，我们了解的先进技术往往被发达国家所占有，而发展中国家拥有的通常是中间技术或落后技术，技术差距的存在使发展中国家更容易看到先进技术带来的好处，因此，发展中国家有很强的动力从发达国家手中引进先进技术。后发优势理论从边际生产力的角度出发，在国与国的基础上阐述了三方面内容：一是相对落后会激起后起国的紧张情绪，使其更有动力，加快技术追赶进程；二是后起国为了缩短追赶的时间，会寻找最适合自身发展的技术替代物；三是后起国可以引进先进国的技术，以实现技术水平飞跃。这两种理论同样适用于处于技术落后地位的企业，这类企业为了不被市场淘汰，只能加速研发进程，但是，由于研发能力限制和盈利需要，迫使它们在正式进入自主研发阶段之前，直接购置国内或国外的先进技术投入使用，因此，技术引进可以看作企业提高创新效率的过渡阶段。在这一阶段，技术落后方可以利用后发优势模仿学习行业内的领军企业。根据供给需求理论，对于先进技术的渴望，很大程度上是因为现有技术已经无法满足日益增长的市场需求，所以，市场需求从根本上驱动了技术引进。

引进阶段开始正式引进先进技术，该阶段的关键点在于引进对象的选择。首先，发展中国家引进的技术一定要比其目前掌握的技术先进，否则就没有引进的意义。其次，根据适用技术论，引进的技术需要符合国家发展的实际要求，与资源和环境相协调，能够切实提高人民生活水平。如果一味地追求尖端技术，只会使后续发展疲惫不堪，最终不得不放弃。该阶段不涉及技术开发，因此，技术引进只能提高企业绩效，不能提高创新效率。此外，技术引进经费的增加会在一定程度上挤出自主研发投入，抑制了企业自主创新。据此，本文提出以下假说：

假说 1：在第二阶段，技术引进对企业自主创新效率产生负向影响。

在消化吸收阶段，企业对外来技术进行消化吸收。虽然技术引进暂时提高了企业的发展水平，但如果不将这种先进技术转化为内在生产力，随着技术的革新，现在还称为先进的技术很可能在不久的将来被淘汰，而技术引进带来的种种好处只能是昙花一现。企业选择是否对引进的技术消化吸收，取决于制定的战略，如果未来企业旨在快速占领前沿市场，则需要充分掌握先进技术以获取行业领先地位。

在再创新阶段，企业在消化吸收的基础上再创新。在经历上述三个阶段之后，企业充分享受到技术引进带来的优势，为了不造成资源浪费，企业需要针对部分技术开展新产品研发，但首先要明确自身是否具备研发能力。研发能力包括资金投入、技术人员投入、技术水平等，只有在具备上述能力并且市场有足够需求量时，企业才能有把握成功地进行自主创新。在该阶段，企业完全吸收了外来技术并进行自主研发，促进创新效率的提高。本文据此提出如下假说：

假说 2：在第三阶段和第四阶段，技术引进对企业自主创新效率产生正向影响。

四　技术引进对自主创新效率影响的实证分析

本文以 2012—2015 年战略性新兴产业上市公司为研究样本，根据上市公司年报中披露的主营业务信息判断其是否属于新能源、新能源汽车、新材料、节能环保、高端装备制造、生物和新一代信息技术七大产业，如有明确说明，则将该上市公司纳入样本中。由于我国 2009 年才正式提出"战略性新兴产业"这一概念，所以，一些企业在此期间变更了主营业务，本文对于从传统产业转向战略性新兴产业的公司一概不予考虑，只计算在样本观测期内属于该产业的公司。另外，在数据收集过程中发现，2011 年及以前的数据缺失比较严重，所以，最终选择 2012—2015 年作为观测区间。在剔除了 ST 公司和数据缺失的企业后，共收集了 98 家上市公司的数据。

（一）研究设计

1. 指标选取和数据来源

（1）被解释变量。被解释变量是企业的自主创新效率。根据已有研究发现，目前创新效率的测算主要分两种方法：一种是数据包络分析法（DEA），另一种是随机前沿分析法（SFA）。两种方法各有优缺点，DEA 模型没有考虑随机误差项对创新效率的影响，在这一点上，SFA 模型弥补了 DEA 的缺陷。反观 SFA 模型，需要预先设定产出函数形式，并规定数据服从特定分布，但这种规定有没有依据，并没有理论加以支撑。综合上述分析，再考虑到实际的可操作性，本章借鉴苗敬毅、蔡呈伟（2012）及辛玉红、李星星（2013）等的做法，最终选择 DEA 模型测度创新效率。

本文参考了关于自主创新效率测算的一些文献（庄涛、吴洪，2015；李小静、孙文生，2016），考虑到数据的可得性，最终选择了能反映企业创新效率的投入产出指标。其中，投入指标是 R&D 人员、R&D 经费投入；产出指标是专利申请数。在选择产出指标时，之所以没有选择专利授权数，是考虑到专利授权需要经过一定时间，当年授权的专利并不能代表企业当年的研发水平，而且时滞期不好把握，所以，选用企业当期的专利申请数作为研发的产出指标。具体指标体系见表1。

表1　战略性新兴产业上市公司自主创新效率指标体系

指标类型	具体指标	指标单位
投入指标	当期 R&D 人员人数	人
	当期 R&D 经费投入	万元
产出指标	当期专利申请数	个

资料来源：笔者整理。

DEA 测算结果表明，战略性新兴产业的整体创新效率并不高，整体低于 0.5，且不同上市公司在不同年份的创新效率都有所差异。

（2）解释变量。①技术引进。由于我国目前没有上市公司技术引进的数据库，所以，笔者手工收集了相应数据。技术引进包括国内引进和国外引进，但上市公司年报中没有明确说明技术引进来源，因此，本文所说的技术引进是指一个公司从本国或其他国家、地区的企业等机构获取先进技术的行为。此外，从技术引进的对象来看，技术引进应包括先进工艺、产品设计、专利购买、技术人才引进等。由于引进的技术人才不容易从总体中区分，因此，本文只考虑企业外购的工艺、专利、技术使用权等项目，借鉴甄丽明、唐清泉（2010）和徐欣（2015）的做法，以上市公司年报中披露的"无形资产"项下，购置专利、非专利技术、工艺、技术使用权等作为技术引进的替代变量。

②自主创新。以往文献对企业自主创新的衡量大体上分两个方向：一是以产出作为衡量指标；二是以研发投入作为衡量指标。在产出方面，大多数文献采用专利数衡量企业自主创新能力（袁敏，2015；李晓晨，2015），虽然专利申请数是最直接的衡量标准，但专利申请具有滞后性，而且仅凭借数量并不能很好地区分不同专利的重要程度。另外，研发投入又分为人员投入和经费投入，由于企业年报中研发人员的数据缺失比较严重，所以，本文用技术人员替代研发人员。但技术人员中包括一些非研发人员，如果将其直接作为被解释变量可能会导致结果有偏误。在以往的研究中，很多学者选择研发经费投入来度量自主创新（朱平芳、李磊，2006；庞莹、丁苇，2009；肖兴志、谢理，2011；徐欣、唐清泉，2012；王伟光，2015），一方面因为数据的可得性，另一方面也考虑到研究的需要。综合上述分析，最终选取企业研发经费投入作为因变量。该数据来源于上市公司披露的年报，如果年报中明确列出"研发投入"一项，则以该项的本期金额作为自主创新的替代变量，如果年报中没有单独列出，则以"管理费用"项下的"研发费用"作为替代变量。

（3）控制变量。①企业员工总数。以员工总人数替代技术人员作为控制变量，一方面考虑到技术人员作为投入指标已经引入被解释变量中，为避免多重共线性问题，此处不作为控制变量再引入；另一方面可以从企业总资产和员工总数两个方面更好地控制企业规模。

②企业规模。企业规模的大小会在一定程度上影响企业创新效率，衡量企业规模通常使用销售额（聂辉华，2008）、企业人员数（朱平芳、李磊，2006）和总资产（徐欣，2015；李小静、孙文生，2016；肖利平，2016），本文借鉴多数文章的做法，采用企业总资产的自然对数作为企业规模的替代变量。

③企业财务风险。资产负债率提高有可能促使企业追加自主创新投资，追加的投资有没有切实帮助企业扭转局面，渡过难关，其自主创新效率在负债情况下是否会提高，有待进一步分析。

④企业盈利能力。企业盈利能力与财务风险是相对的，可以看作是从两个角度看同一个问题，一般认为，企业盈利能力与企业创新效率之间存在相关关系，所以，盈利能力应该作为控制变量加以考察。

⑤企业绩效。企业绩效的好坏影响技术引进与自主研发的经费投入，从而对创新效率产生一定的影响，因此，选用企业绩效作为控制变量，该指标选用每股收益作为替代变量。

⑥专利数。该指标在一定程度上反映了企业的研发水平，选用企业专利申请数衡量。

⑦产学研。目前，高技术产业公司越来越注重与高校合作研发，产学研指的是企业出资在高校设置研究机构，或委托高校培养对口人才，研发成功

的技术和培养的研发人员为企业所用，还有一些公司直接由高校入股控股，充分利用高校和企业的资源，一旦研发成功，可谓是合作"双赢"。具体到战略性新兴产业，这一现象更为普遍，所以，本文考察企业技术引进和自主创新对创新效率的影响是否与企业和高校之间的产学研有关。

⑧产权性质。本文将产权性质分为国有和非国有，一般认为，国有企业缺乏活力，由于其体制等方面的因素，可能会阻碍企业创新，降低创新效率。因此将产权性质作为虚拟变量引入模型。

企业员工总数和产学研的数据来源于对上市公司年报的整理，其他控制变量如企业规模、企业财务风险等均来自国泰安（CSMAR）数据库。

变量的具体定义和描述性统计见表2。

表2 变量的定义及描述性统计

变量类型	变量名称	符号	样本量	均值	标准误	最小值	最大值	度量方法
因变量	创新效率	EFF	392	0.333	0.271	0.009	1	用DEA模型测算的创新效率值
自变量	技术引进	TI	392	0.001	0.004	0	0.077	企业当期技术引进金额/期初总资产
	自主创新	RD	392	0.046	0.032	0.0002	0.212	企业当期R&D经费投入/主营业务收入
	企业员工总数	Noe	392	7339.122	13171.56	39	95498	企业当期母公司和子公司员工总人数
	企业规模	lnsize	392	22.570	1.285	20.056	27.040	企业当期总资产的自然对数
	企业财务风险	Lev	392	0.473	0.199	0.031	0.972	当期资产负债率＝负债合计/资产总计
	企业盈利能力	Roa	392	0.035	0.052	−0.542	0.177	当期资产报酬率＝（利润总额＋财务费用）/资产总额

续表

变量类型	变量名称	符号	样本量	均值	标准误	最小值	最大值	度量方法
控制变量	企业绩效	Eps	392	0.265	0.542	-4.247	2.801	每股收益=净利润本期值/实收资本本期期末值
	专利数	PR	392	40.638	230.52	0	3602	企业当期的专利申请数
	产学研	Iur	392	0.459	0.499	0	1	企业是否有产学研合作,有取"1",没有取"0"
	产权性质	Eqs	392	0.426	0.495	0	1	企业的股权性质属于"国有"or"非国有",如果是国有企业取"1",非国有企业取"0",其中非国有包括民营、外资及其他

资料来源:笔者计算。

2. 相关性分析

从表3样本总体的相关性分析结果可以看出,技术引进与自主创新的相关系数小于0.1,说明两者的总体相关性不高。这可能存在三个方面的原因:(1)本文选取的样本点较少,不足以代表总体。(2)在战略性新兴产业中,企业技术引进和自主创新之间不存在替代互补效应。(3)根据前文分析可知,企业的技术引进与研发投入之间有可能存在替代性或耦合性。如果一个样本中,一部分企业的技术引进与研发投入相互替代,而另一部分企业相互促进,则最终呈现的结果是两者不相关。为了验证是否存在某个临界点使企业之间体现出不同性质,分别选择产权性质和平均企业规模作为分组依据,分组进行相关分析。

按产权性质分组的相关性分析结果显示,国有企业和非国有企业在技术引进与自主创新的相关性上差别不大。另外,非国有企业的员工人数与专利数的相关程度（0.7）高于国有企业（0.4），这说明非国有企业的员工边际生产率更大，有效劳动率更高。按平均企业规模分组的结果表明，企业规模不是技术引进与自主创新相关性较低的主要原因。

表3　　　　　　　　　　技术引进与自主创新的相关系数

总体	按产权性质分组		按平均企业规模分组		
	国有企业	非国有企业	大型企业	中型企业	小型企业
0.0149	0.0387	0.0391	0.0926	0.0196	0.0374

资料来源：笔者计算。

综上所述，前两个原因的可能性较高，且第二个原因侧面佐证了孙建、吴利萍（2009）提出的观点：只有在低技术工业企业中，技术引进与自主创新才表现出替代关系。因此，在以高技术为主导的战略性新兴产业领域，技术引进和自主创新之间很可能不存在替代互补效应。此外，企业盈利能力（Roa）与企业绩效（Eps）之间一直表现出较高的相关度，相关系数超过0.8，如果同时作为控制变量引入模型会带来严重的多重共线性，因此，在模型设定时应充分考虑这一点。

3. 模型设定

虽然 DEA 模型可以从投入和产出两个角度衡量企业的创新效率，但创新效率的影响因素不只局限于这两个指标，在衡量其他影响创新效率的因素上，DEA 模型还有所欠缺。因此，本文需要引入其他估计方法对创新效率进一步分析。由于 DEA 测算的创新效率介于 0—1，而面板 Tobit 模型刚好适用于因变量受限的情形，因此采用该模型进行估计分析。

根据研究内容，基本模型设定如下：

$$EFF_{it} = \alpha_0 + \alpha_1 TI_{it} + \alpha_2 RD_{it} + \sum_n \eta_n X_{it} + \varepsilon_{it} \tag{1}$$

其中，i 代表不同的上市公司，t 代表年份，EFF_{it} 代表由 DEA 测算出的不同上市公司在 2012—2015 年的创新效率，TI_{it} 和 RD_{it} 分别代表技术引进强度和研发投入强度。

此处借鉴朱平芳、李磊（2006），徐欣（2012），肖利平（2016）的做法，用强度替代数值来衡量。X_{it} 表示其他控制变量，包括员工总数（Noe）、企业规模（lnsize）、企业财务风险（Lev）、企业绩效（Eps）和专利数（PR）。α_0 为常数项，α_1、α_2 和 η_n 分别为技术引进、自主创新和各控制变量的回归系数。

进一步地，为考察产学研和产权性质对创新效率的影响，需要将这两个虚拟变量引入模型中。对于虚拟变量有三种处理方式：一是将其直接放入模型中，即仅仅引入虚拟变量本身，这相当于在变化前后对模型的截距项产生影响;二是引入虚拟变量与解释变量的交互项,这相当于影响了模型的斜率;三是既考察虚拟变量对模型截距的影响,同时也考察对模型斜率的影响。考虑到虚拟变量对模型并没有确定性影响,因此,借鉴徐欣(2015)的处理方式,分别引入了虚拟变量及虚拟变量和技术引进、自主创新的交互项。为了进一步考察技术引进是否对自主创新效率有非线性影响,在模型中加入技术引进二次项,具体模型设定如下:

$$EFF_{it} = \alpha_0 + \alpha_1 TI_{it} + \alpha_2 RD_{it} + \alpha_3 TI_{it}^2 + \alpha_4 Iur_{it} + \alpha_5 Eqs_{it} + \alpha_6 TI \times Iur_{it} + \alpha_7 TI \times Eqs_{it} + \alpha_8 RD \times Iur_{it} + \alpha_9 RD \times Eqs_{it} + \sum_n \eta_n X_{it} + \varepsilon_{it} \quad (2)$$

(二) 实证结果分析

本文选取的是 2012—2015 年的短面板数据,所以,无须进行平稳性检验。目前面板 Tobit 模型只适用于随机效应,这是因为,对于固定效应的 Tobit 模型,找不到个体异质性(ε_{it})的充分统计量,所以,无法对其进行条件最大似然估计。如果放弃面板 Tobit 模型,转而采用在混合 Tobit 回归中加入面板虚拟变量的做法,所得出的固定效应估计量也是不一致的(陈强,2014)。因此,在估计过程中,需辅助 LR 检验判断模型是否适用。

表 4 是 Tobit 模型的回归结果及 LR 检验报告值,采用逐步增加变量的方法,依次得到以下四个模型:

模型 1 至模型 3 中,加减变量并没有导致其他变量的系数和显著性有太大变化,这表明模型整体的稳健性较好。LR 检验的 P 值均显著,强烈拒绝原假设,应该使用随机效应的面板 Tobit 回归,这也证明了模型设定基本无误。为了考察技术引进二次项是否对模型有重要影响,在模型 2 至模型 4 中引入该变量,与模型 1 进行对比。后四个模型之间的差别在于控制的变量不同,考虑到相关性分析结果,模型 2 剔除了企业盈利能力变量(Roa),模型 3 在模型 2 的基础上剔除了企业绩效变量(Eps),模型 4 剔除了虚拟变量。根据回归结果分析,得出以下几个结论:

1. 企业技术引进与创新效率之间存在明显的"U"形关系

模型 1 中,技术引进的一次项并不显著,当进一步加入技术引进二次项时,其一次项和二次项都在 5% 的水平上显著,同时模型的拟合程度更好,这说明企业技术引进与创新效率之间存在非线性关系。模型 4 报告了在没有虚拟变量的情况下,企业技术引进对创新效率的影响,从中发现,技术引进的一次项(TI)和二次项(TI^2)均不显著,但其他变量仍保持原有的显著性。这表明技术引进与创新效率之间的非线性关系受到产学研和企业产权性质的影响。由于模型 2 中剔除了相关性过高的变量,因此接下来的讨论以该模型为参照。

表 4   技术引进、自主创新对创新效率影响的 Tobit 回归结果

变量	模型 1	模型 2	模型 3	模型 4
TI	10.56571 (1.19)	27.6974** (2.48)	29.76615*** (2.55)	2.743157 (0.44)
RD	-1.04284* (-1.80)	-1.156615** (-2.00)	-0.953909* (-1.65)	-1.365982*** (-3.11)
TI^2		638.7537** (2.48)	516.7838** (2.03)	-41.0529 (-0.48)
Noe	-5.61e-06*** (-2.70)	-5.79e-06*** (-2.78)	-6.64e-06*** (-3.17)	-4.97e-06** (-2.35)
PR	0.0044059*** (10.84)	0.0045536*** (11.07)	0.0045734*** (10.96)	0.004213*** (10.41)
Eps	-0.0502197** (-2.14)	-0.060805*** (-2.57)		-0.0424547* (-1.90)
Lev	-0.2020207** (-2.14)	-0.1953467** (-2.08)	-0.1727304* (-1.82)	-0.1842206* (-1.94)
lnsize	-0.0639585*** (-2.93)	-0.0637555*** (-2.93)	-0.0638523*** (-2.88)	-0.0658542*** (-3.00)
Eqs	0.0981146 (1.62)	0.1060433* (1.76)	0.101293* (1.65)	
Iur	0.0542442 (0.91)	0.0594601** (1.00)	0.0708976 (1.17)	
TI × Iur	2.54592 (0.35)	-28.28598** (-1.97)	-30.07717** (-2.09)	
TI × Eqs	-14.33327** (-1.96)	-49.48489*** (-3.11)	-40.4018*** (-2.59)	
RD × Iur	0.2165381 (0.23)	0.2910338 (0.32)	0.1277248 (0.14)	
RD × Eqs	-2.224347** (-2.01)	-2.324288** (-2.11)	-2.30735** (-2.07)	
_cons	1.837944*** (3.88)	1.833277*** (3.89)	1.803311*** (3.75)	1.923991*** (4.06)

续表

变量	模型 1	模型 2	模型 3	模型 4
Wald χ^2	160.87	167.43	156.54	147.69
Prob > χ^2	0.0000	0.0000	0.0000	0.0000
LR Test χ^2	174.78	179.83	194.75	209.22
Prob ≥ χ^2	0.000	0.000	0.000	0.000

注：***、**和*分别表示在1%、5%和10%的水平上显著，括号内为变量对应的 Z 值，报告结果由 Stata12.0 给出。

资料来源：笔者计算。

回归结果显示，技术引进一次项（TI）、技术引进二次项（TI^2）与企业创新效率（EFF）都呈现出显著正相关关系。其中，一次项的平均边际影响约为25.88，说明企业进行技术引进在一定程度上有助于创新效率提高；二次项的符号为正，说明技术引进对创新效率的影响并非是单调递增的，而是显著的"U"形曲线。企业在技术引进初期，消化吸收能力较弱，引进的技术并不能完全转化为创新能力，因此，这一阶段企业的技术引进会抑制其创新效率。随着时间推移，企业学习能力增强，逐步吸收并掌握了外来技术，使其内化为竞争力。技术引进在跨越了"门槛"之后，开始对创新效率产生正向影响。这一结论介于假说1与假说2，表明技术引进处于引进到消化吸收的过渡阶段。王伟光、冯荣凯（2015）采用脉冲响应函数分析了辽宁省大中型工业企业的技术效率对技术引进冲击的响应，结果显示，初期阶段技术引进对技术效率产生负向影响，经过极小值后开始产生正向影响。虽然本文采用的数据和方法与上述文章不尽相同，但得到的主要结论却是一致的。这证明了在战略性新兴产业中，企业技术引进对创新效率的影响是一个先递减后递增的过程。

2. 企业自主创新与创新效率显著负相关

企业自主创新变量在模型2中通过了置信水平为5%的显著性检验，且系数变化不大，约等于-1。该变量的平均边际影响为-0.91，表明企业自主研发投资每增加1%，创新效率降低0.91个单位，自主研发反而抑制了企业的创新效率。这表明，在战略性新兴产业领域，我国企业的自主创新仍处于低级阶段，增加研发投入没有取得预期效果。这可能是由三个方面的原因造成的：一是企业研发能力弱，自主创新没有发挥出最佳效果；二是企业资金有限，研发投入强度低，直接导致创新效率低下；三是企业的研发经费一部分来源于企业内部投资，另一部分来源于政府补贴。一些学者研究发现，企业并没有完全将政府补贴应用于自主研发项目，这导致企业的实际研发投资小于披露的数据，投入与产出不匹配。基于以上三个原因，目前，战略性新兴产业的企业自主创新没能对创新效率产生积极影响。

3. 企业规模与创新效率之间成反比

模型中,有两个控制变量可以反映企业规模信息,一是企业总资产(lnsize);二是员工总人数(Noe)。两个变量从不同的角度对企业规模进行刻画。lnsize 在五个模型中都通过了置信水平为 1% 的显著性检验,而且模型系数均为负,Noe 在模型 1 至模型 3 中通过了置信水平为 1% 的显著性检验,显著性较好,而且与 lnsize 的系数符号均相同。因此,我们将两者相结合,分析对创新效率的共同影响。

回归结果显示,企业规模的系数为负,说明企业规模越大,创新效率越低。结合之前得出企业规模越大、研发投入越多的结论,发现企业规模扩大确实能增加其研发投入,但增加的研发投入没有得到相应的产出,反而降低了企业创新效率。企业规模的系数虽然为负,但总体值较小,绝对值不超过 0.1,可以看出,企业规模扩大只能在一定程度上对创新效率产生抑制作用,这并不是造成战略性新兴产业整体创新效率低下的主要因素。学术界针对企业规模能否促进创新效率的提高,做过很多研究,但迄今尚未得出统一结论。虽然大企业更具有融资优势、创新优势和抗风险能力(白俊红,2011),但当企业跨过了平均成本最低点之后,会进入规模不经济阶段,此时企业部门庞杂、机构冗余的缺点则逐渐显现,研发经费虽然增加但多数是无效投入,极易造成资源浪费。上述研究中,企业规模对创新效率产生轻微抑制作用,这也从另一个角度说明企业规模不能促进创新效率提高。

4. 产学研对于企业技术引进与创新效率之间的关系存在调节效应

产学研与技术引进的交互项(TI × Iur)与创新效率呈显著负相关关系,平均边际影响约为技术引进一次项系数的相反数,这说明有产学研的企业进行技术引进会降低创新效率,而这个影响恰好抵消了企业技术引进对创新效率产生的正向影响。因此,不考虑其他因素的影响,当企业与科研院所或高校有紧密合作时,其技术引进最终对创新效率的影响接近 0,企业更注重自主研发或与其他机构合作研发,外购先进技术并不是这类企业提高创新效率的主要手段。产学研(Iur)的系数只在模型 2 中显著为正,且平均边际影响较小,表明产学研虽然在一定程度上可以促进企业创新效率提高,但并没有发挥应有作用,企业在内化产学研合作方面有较大提升空间。

5. 产权性质对于企业技术引进、自主创新与创新效率之间的关系存在调节效应

产权性质与技术引进的交互项(TI × Eqs)与创新效率呈显著负相关关系,说明企业产权性质对于技术引进与创新效率之间的关系存在调节效应,国有企业的技术引进对创新效率产生负向影响。产权性质和自主创新的交互项(RD × Eqs)与创新效率呈显著负相关关系,表明产权性质通过作用于企业自主研发投入进而对创新效率产生负向影响。这是因为,国有企业自诞生

以来，就依靠政府政策和资金的支持一步步做大，却并没有做强。凭借政府的保驾护航，国有企业管理者和经营者愈加缺乏创新的动力，而且创新是一个长期投入过程，周期越长，越会增加不确定性风险，"不求有功但求无过"的做法让这些企业管理者逐渐背离了企业利润最大化的初衷，也放弃了创新转而寻求其他捷径。对创新的漠视使企业在花大价钱购买先进技术之后，没有挖掘它的内在价值，也没能吸收技术的精华部分，只等着市场将落后技术淘汰，再进行新一轮购买。反观非国有企业，其市场竞争更加激烈，而且在战略性新兴产业领域，要想获得可观的利润，只有通过技术引进和技术创新。此外，我国的国有控股企业还存在体制僵化、管理混乱等问题，这些都导致了国有企业在自主创新和吸收消化外来技术上的表现逊于非国有企业，从而降低了创新效率。通过两项系数对比，发现国有企业的这一现象在技术引进方面更为突出，效率损失更为严重。

（三）稳健性检验

为了检验上述结论是否可靠，本文对核心解释变量技术引进进行了变量替换，以"技术引进金额/主营业务收入"替换"技术引进金额/期初总资产"，回归结果如表5所示。

表5　　　　　　　　　稳健性检验

变量	相关系数	标准差	Z	P＞｜Z｜
TI	13.72054	5.642963	2.43	0.015
RD	－1.090098	0.588438	－1.85	0.064
TI^2	123.5173	66.34556	1.86	0.063
Noe	－5.34e－06	2.07e－06	－2.58	0.010
PR	0.0044079	0.0004041	10.91	0.000
Eps	－0.0895605	0.0426826	－2.10	0.036
Roa	0.2844635	0.3811901	0.75	0.456
Lev	－0.1964198	0.0932484	－2.11	0.035
lnsize	－0.0631205	0.0216061	－2.92	0.003
Eqs	0.1103779	0.0600428	1.84	0.066
Iur	0.0487098	0.0589372	0.83	0.409
TI × Iur	－9.871755	6.690503	－1.48	0.140
TI × Eqs	－25.50012	9.768797	－2.61	0.009
RD × Iur	0.3768973	0.921596	0.41	0.683

续表

变量	相关系数	标准差	Z	P>∣Z∣
RD×Eqs	-2.366097	1.100744	-2.15	0.032
_cons	1.814675	0.4689129	3.87	0.000
LR Test χ^2	176.57			
Prob≥χ^2	0.000			

资料来源：笔者计算。

稳健性检验的结果显示，技术引进、技术引进二次项、研发投入、企业规模等变量的显著性和符号没有发生实质性变化，表明模型对变量选取的敏感度较低，本文的回归结果是稳健的。

五 结论与政策建议

（一）结论

本文运用战略性新兴产业上市公司2012—2015年的面板数据和多种实证研究方法对技术引进、自主创新和创新效率之间的相互影响进行了深层次的挖掘。主要结论如下：

第一，在战略性新兴产业中，企业技术引进与创新效率之间存在"U"形关系，引进初期，创新效率随着外购技术的增多而降低，企业在一定程度上消化吸收外来技术之后，创新效率开始有所提升。说明目前在战略性新兴产业领域，消化吸收外购技术有非常大的上升空间，企业完全掌握外来先进技术后，其创新效率将会迎来相当程度的提升。

第二，战略性新兴产业的自主创新投入如果不能促进创新效率提高，那么研发投入在很大程度上是一种资源的浪费。目前，战略性新兴产业的创新效率主要依靠技术引进提升，自主创新仍然处于弱势。

第三，国有企业对外购技术的消化吸收能力较差，这也是国有控股企业创新效率低下的重要原因。产学研合作会促使企业减少技术引进投资。但后者系数的绝对值要小于前者，表明技术引进通过产权性质表现出的对创新效率的影响要比通过产学研表现出的更大，即国有企业的技术引进失效问题更加严峻，亟待解决。

（二）政策建议

第一，完善战略性新兴产业人才的培养路径，加快引进专业人才。专业型人才贯穿技术开发的始终，而战略性新兴产业的人才缺失已经成为一个非常严峻的问题,无论技术引进和自主研发投入多少,人才不到位是制约创新效率的关键。2016年12月,国务院发布了《"十三五"国家战略性新兴产业发展规划》,其中明确提出,要加强人才的培养与激励,主要从三个方面入手:一是加强培养战略性新兴产业紧缺人才,建设人才示范基地;二是企业出台相应政策鼓励人才进驻,比如设立博士后流动站,为人才提供良好条件;三是积极引进国外高端人才,发挥技术交流的作用。

第二,注重以消化吸收为主的技术引进。企业需要平衡好自主创新与技术引进的关系,根据现阶段的发展水平,做出最优决策。目前,我国战略性新兴产业的自主创新能力较弱,相比较而言,技术引进更能促进企业创新效率的提高,所以,根据我国战略性新兴产业发展现状,应扩大技术引进投资的比例。而且企业在引进先进技术时,不仅要考虑到技术的适用性,更应注重引进后的学习效应。虽然战略性新兴产业目前应以技术引进为主,但随着时间推移很容易形成技术依赖,所以终究不是长久之计。什么时候应该转变为以自主研发为导向的创新,有待于战略性新兴产业的进一步发展和研究。

第三,完善产学研创新体系。产学研可以调动企业自主创新的积极性,企业应加快与高校和科研机构建立长期合作关系,《"十三五"国家战略性新兴产业发展规划》中政府明确指出,要建立企业为主导的、政产学研用相结合的创新体系,目前相比较其他产业而言,战略性新兴产业的产学研合作更多,但仍欠缺深度和广度,所以,积极开展产学研合作也是企业由"重引进"走向"重创新"的重要推动力量。

第四,国有企业应重视技术的消化吸收环节,以免造成资源浪费。政府对战略性新兴产业的扶持政策之一是政府补贴,国有企业往往获得了大量的政府补贴。许多文章的研究表明,政府补贴存在效率损失。因此,目前政府应调整对国有企业的支持力度和支持方式,加快国有企业改革步伐,把钱用在刀刃上。国有企业自身也应重视对引进技术的消化吸收,提高自主创新效率。

参考文献

[1] Lee, Jaymin, Technology Imports and R&D Efforts of Korean Manufacturing Firms [J]. *Journal of Development Economics*, 1996, 50 (1): 197–210.

[2] 孙建,吴利萍,齐建国. 技术引进与自主创新:替代或互补,科学学研究,2009 (1).

[3] 彭峰. 高技术产业中技术转移与效率变化:中国工业企业的证据,武汉大学,2013.

[4] 王伟光,冯荣凯,尹博. 基于动态演化的产学研合作创新机制研究——兼论辽宁省产学研合作应对策略,辽宁大学学报,(哲学社会科学版) 2012 (1).

[5] 张永成,郝冬冬,毛宏燕. 开放条件下企业自主创新与技术引进的关系研究,

科技管理研究，2009（10）．

[6] 肖黎明，袁敏．技术引进对企业自主创新的影响分析，江西社会科学，2014（7）．

[7] 吴延兵．自主研发、技术引进与生产率——基于中国地区工业的实证分析，经济研究，2008（8）．

[8] 肖兴志，谢理．中国战略性新兴产业创新效率的实证分析，经济管理，2011（11）．

[9] 彭峰，李燕萍．技术转移方式、自主研发与高技术产业技术效率的关系研究，科学学与科学技术管理，2013（5）．

[10] 赵志耘，杨朝峰．转型时期中国高技术产业创新能力实证研究，中国软科学，2013（1）．

[11] 李光泗，徐翔．技术引进、市场结构、研发效率与二次创新，财经研究，2007（5）．

[12] 徐欣．企业技术引进、产权与倒 U 型绩效——基于中国上市公司的实证研究，科研管理，2015（9）．

[13] 余泳泽，武鹏．我国物流产业效率及其影响因素的实证研究——基于中国省际数据的随机前沿生产函数分析，产业经济研究，2010（1）．

[14] 苗敬毅，蔡呈伟．我国煤炭行业上市公司技术效率及其影响因素——基于 Tobit－DEA 模型，技术经济，2012（7）．

[15] 辛玉红，李星星．中国新能源上市公司技术效率研究，技术经济与管理研究，2013（9）．

[16] 庄涛，吴洪，胡春．高技术产业产学研合作创新效率及其影响因素研究——基于三螺旋视角，财贸研究，2015（1）．

[17] 李小静，孙文生．政府干预、所有权与战略性新兴产业自主创新效率研究，河北经贸大学学报，2016（3）．

[18] 甄丽明，唐清泉．技术引进对企业绩效的影响及其中介因素的研究——基于中国上市公司的实证检验，管理评论，2010（9）．

[19] 袁敏．技术引进对自主创新的作用模式，山西师范大学，2015．

[20] 李晓晨，刘金林．FDI 与自主创新协同效应研究：来自中国的证据，宏观经济研究，2015（5）．

[21] 朱平芳，李磊．两种技术引进方式的直接效应研究——上海市大中型工业企业的微观实证，经济研究，2006（3）．

[22] 庞莹，丁苇．FDI 对我国自主创新能力促进作用的阶段性分析——以高技术产业为例，特区经济，2009（12）．

[23] 徐欣，唐清泉．技术研发、技术引进与企业主营业务的行业变更——基于中国制造业上市公司的实证研究，金融研究，2012（10）．

[24] 聂辉华，谭松涛，王宇锋．创新、企业规模与市场竞争——中国企业层面面板数据的分析，世界经济，2008（7）．

[25] 肖利平，谢丹阳．国外技术引进与本土创新增长：互补还是替代——基于异质吸收能力的视角，中国工业经济，2016（9）．

[26] 陈强．高级计量经济学及 Stata 应用（第二版），高等教育出版社，2014．

［27］白俊红. 中国的政府 R&D 资助有效吗？ 来自大中型工业企业的经验证据，经济学：季刊，2011（4）.

［28］陆国庆、王舟、张春宇. 中国战略性新兴产业政府创新补贴的绩效研究，经济研究，2014（7）.

［29］肖兴志、姜晓婧. 战略性新兴产业政府创新基金投向：传统转型企业还是新生企业，中国工业经济，2013（1）.

［30］余东华、吕逸楠. 政府不当干预与战略性新兴产业产能过剩——以中国光伏产业为例，中国工业经济，2015（10）.

［31］汪秋明、韩庆潇、杨晨. 战略性新兴产业中的政府补贴与企业行为——基于政府规制下的动态博弈分析视角，财经研究，2014（7）.

［32］李金华. 中国战略性新兴产业发展的若干思辨，财经问题研究，2011（5）.

［33］课题组. 发展战略、产业升级与战略性新兴产业选择，财经问题研究，2010（8）.

［34］熊勇清、李世才. 战略性新兴产业与传统产业耦合发展研究，财经问题研究，2010（10）.

［35］吴延兵. 中国工业 R&D 投入的影响因素，产业经济研究，2009（6）.

Can Technology Introduction Improve the Efficiency of Independent Innovation in Strategic Emerging Industries?

Xiao‒jing JIANG, Mei‒tong LI

(School of Economics, Dongbei University of Finance and Economics, Dalian116025, China)

Abstract: The experience of developed countries shows that technology introduction is an important source to improve their technological level, and also an important factor to affect the efficiency of independent innovation. In the process of the development of China's strategic emerging industries, the keystone of this paper is to analyze whether the technology introduction can promote the efficiency of independent innovation. Creatively choosing these listed companies of strategic emerging industries from 2012 to 2015 as representative research sample, we analyze the relationship between technology introduction and innovation efficiency by DEA‒Tobit model. Results show that an U‒shaped nonlinear relationship exits between technology introduction and innovation efficiency. Independent innovation has significantly negative effect on innovation efficiency. Finally, some policy suggestions are put forward according to the research results, such as strengthening the training and encouragement of talents, emphasizing technology introduction based on digestion and absorption and building a perfect innovation system of industry – university – research cooperation.

Key words: Strategic Emerging Industries; Technology Introduction; Efficiency of Independent Innovation

以需求引致联动技术创新的模块化产业增长机制
——基于智能手机产业的分析

钱 勇 郭晓华 曹志来

（东北财经大学产业组织与企业组织研究中心，辽宁 大连 116025；
东北财经大学经济与社会发展研究院，辽宁 大连 116025）

摘要 长期以来，大规模的产能过剩已经困扰全球几乎所有竞争性产业。中国制造业也是如此。在这种环境下，智能手机产业却经历持续十年以上的高速增长。其中，原因与机制值得探究。本文以产业技术创新与需求之间的双向因果关系为基础，分析影响智能手机需求的关键模块、各模块创新与需求联动增长的反馈机制，构建出智能手机产业系统动力学仿真模型，进而进行短期和长期仿真模拟。基于智能手机仿真模拟结果，总结与分析模块化产业需求与创新联动的成长路径。研究表明：手机模块功能提升与模块系统外因素共同影响智能手机需求，以智能手机的需求为中介环节，手机各个独立模块构成技术创新联动反馈系统，由此产生的频繁边际创新不断拉动产品需求。智能手机的需求量在2018年之前仍然以较高的速度增长。智能手机产业在不久的将来会遇到发展"瓶颈"，在需求引致联动技术创新正向反馈作用下形成的高增长预期也将破灭，这种预期下出现的产业泡沫也将破碎。

关键词 模块化；技术创新；智能手机产业；需求；系统动力学

[基金项目] 东北财经大学校级科研项目（2014067）和辽宁省教育厅高等学校研究项目（W2012179）。

[作者简介] 钱勇（通讯作者），东北财经大学产业组织与企业组织研究中心研究员；郭晓华，东北财经大学产业组织与企业组织研究中心硕士研究生；曹志来，东北财经大学经济与社会发展研究院副研究员。

一　引言

长期以来，大规模的产能过剩已经困扰全球几乎所有竞争性产业（Crotty，2002）。20世纪90年代起，中国制造业的不同行业在不同阶段经历了多轮产能过剩的危机（刘航、李平、杨丹辉，2016），自2011年下半年以来，随着经济增长速度的降低、各类商品的市场需求增速放缓，新一轮产能过程问题凸显（赵昌文等，2015）。家电行业也是如此，虽然受家电下乡、以旧换新、空调节能补贴等政策的扶持，2011年下半年开始产能过剩问题也凸显出来（林其玲，2012）。中国的产能过剩是一种结构性产能过剩，即中低端产品过剩，高端产品供给不足。为此，中央提出供给侧结构性改革，其中增量改革的主要内容是以科技创新引领供给侧结构性改革（赵志耘，2016）。

在大多数制造业行业产能过剩的同时，智能手机产业从2007—2016年全球年平均增长40%，并几乎每年保持10%以上的增长率。中国智能手机产业也大体如此（赛迪顾问移动互联网研究中心，2013；唐玥，2016）。在智能手机产业快速增长过程中，以华为、中兴为代表的一批国产智能手机企业也纷纷崛起，在全球市场占据重要地位。智能手机产业历经了10年的高速增长，未出现绝大多数制造业存在的产能过剩问题。其中的原因，除智能手机产业兴起较晚而产品普及率相对较低外，主要是该产业频繁的边际创新不断地拉动产品需求。

相对于传统产业，为什么作为模块化产业的智能手机产业会出现更加频繁的边际创新？以往文献主要从静态角度阐释模块化对产业技术创新特别是研发效率的影响，如Sanchez和Mahoney（1996）从有利于多模块并行开发的模块间界面规范角度说明模块化产业研发时间短效率高，青木昌彦和安藤晴彦（2003）从同一模块竞争性生产商以"背对背"形式参与模块设计这种"锦标赛"式竞争角度说明模块化产业研发具有较高的时间和空间灵活性。而模块化产业创新系统被认为是具有自催化特征的动态系统，这种自催化特征在很大程度上加快了产业创新速度（刘继云、史忠良，2008）。本文从模块化产业创新这种自催化特征出发，研究模块化产业模块独立创新，如何以产业市场需求作为中介，对各个模块技术创新产生引致（或称催化）作用，模块独立创新对整个产业技术创新产生联动作用的机制。

本文首先对技术创新与供给、需求之间的相互影响关系、模块化对产业技术创新特别是手机产业技术创新的影响等方面的文献进行综述。以产业技术创新与需求之间的双向因果关系为基础，分析智能手机产业系统的内部结构，即分析影响智能手机需求的关键模块、各模块创新与需求联动增长反馈机制，进而构建出智能手机产业系统动力学仿真模型。然后，估算并确定模型中主要变量的参数，进行短期仿真模拟，针对短期仿真模拟所基于假设存在的问题，对相关变量的参数调整之后，进行长期仿真模拟。基于智能手机仿真模拟结果，总结与归纳模块化产业需求与创新联动的成长路径。

二　文献综述

（一）创新与需求

1. 创新诱导需求

1912年，熊彼特提出创新理论，认为，创新与需求之间的关系中，创新居于主导地位，企业创新使消费者改变了需求偏好（熊彼特，1990）。熊彼特是创新诱导需求理论的开创者与代表人物。

创新诱导需求理论也是产能过剩与经济周期理论的重要基础。产品和工艺创新是可持续经济增长的前提条件，如果没有新产品的引入，社会生产资源将会被闲置（McMeekin et al.，2002），即出现产能过剩问题。经济周期特别是长周期（康德拉耶夫周期）中需求的高涨正是技术创新引发的（刘辉锋，2009）。

2. 供给推动创新

熊彼特的创新理论强调，创新是在工业和商业领域发生的，消费者只是被动接受创新。熊彼特被认为是供给推动创新理论的先驱。供给推动创新理论认为，创新活动是由来自影响供给方面的诸如科学知识的发现、技术被发现的概率、研发人员和研发机构的效率、大规模推广创新技术的成本等因素决定（Rosenberg，1974；Dosi，1988；Klevorick et al.，1995；Bresnahan and Trajtenberg，1995；Lipsey et al.，2005）。供给推动创新，意味着研发投入对国家创新能力起着决定性影响。Furman及其合作者（2002）的研究表明，研发投入本身就能够解释OECD国家创新能力差异的90%。

3. 需求引致创新

美国经济学家Schmookler（1966）提出了与供给推动创新相反的理论，即需求引致创新理论。Schmookler对美国炼油、造纸、铁路和农业这四个行业的投资、产出与专利数量进行计量分析，发现研发活动也是追求利润的经济活动，受到市场需求的引导与制约。后续研究分别从企业、产业和国民经济三个层面对需求引致创新理论进行了实证检验。在企业层面，Brouwer和Kleinknecht（1999）对欧盟统计局共同体创新调查库中8000家德国企业1990—1992年的数据进行检验，认为需求增长是引致创新产出增加的主要因素；Crépon及其合作者（1998）根据法国4164家企业技术创新数据，发现研发强度受需求规模的驱动；Piva和Vivarelli（2007）对意大利216家制造企业1995—2000年的数据进行检验，发现产品销售对企业研发具有引导作用，其中出口型企业研发投入对销售额更加敏感。在产业层面，Scherer（1982）将443家大型企业样本归类成产业样本，按照Schmookler的研究框架，验证了技术创新（以专利数量为指标）受市场需求引导和制约的结论。

在国民经济层面，Geroski 和 Walters（1995）基于 1948—1983 年英国宏观经济的时间序列数据，得到需求引致技术创新。

4. 供给需求共同决定

Romer 的《内生技术变迁》（1990）一文的重要理论前提是，技术创新是市场主体在利益机制作用下由市场供给和市场需求共同决定的。Mowery 和 Rosenberg（1990）指出，供给和需求两个方面都是技术创新的重要影响因素，科技推动与需求拉动既相对独立又相互补充，在不同产业以及技术创新的不同阶段上，两者的重要性可能存在差异。

5. 创新与需求的双向因果关系

Kleinknecht 和 Verspagen（1990）利用荷兰产业数据证明了研发投入（以研发投入工时为指标）增长与需求增长之间的双向因果关系。孙晓华和李传杰（2010）以中国装备制造业为样本的研究也表明，有效需求规模与产业创新能力存在严格的双向因果关系。

（二）模块化与产业创新

1. 模块化

随着计算机、手机等技术密集型产品设计、生产过程的日益复杂化，模块化作为一种"对愈加复杂问题的解决办法"（Baldwin and Clark，1997），在技术创新领域受到越来越多的关注。模块化通过将产品分解成数个具有特定独立功能的半自律的子系统，这些子系统通过标准化界面与其他半自律子系统按照一定的规则相互联系而构成更为复杂的系统或过程（青木昌彦、安藤晴彦，2003）。

许多学者研究探讨了模块化、产品架构和生产组织方式的相互关系。Sanchez 和 Mahoney（1996）认为，尽管表面上看是组织设计产品，但是也可以认为是产品设计组织，即非模块化产品最好在非模块化组织中生产，而模块化产品需要模块化组织，这种一致性的存在是因为有利于提高组织柔性、消除科层协调的需要。Chesbrough 和 Kusunoki（2001）也认为，随着技术演化到不同阶段，企业的最优组织结构也应该相应地变换。Fujimoto（2007，2008）认为，模块化架构产品领域（如电子产品、个人电脑部件）不依赖于协调整合方面的组织能力，日本相对于其他国家，不会因其协调整合方面组织能力的比较优势而形成竞争优势。

2. 模块化产业技术创新特征

模块化使各个独立功能模块分别在不同的企业进行生产，最后在总装企业进行最后组装（邓洲，2015），大大分散单个企业面临的市场风险和创新难度。模块化技术提前定义了模块间界面规范，减少了产品的复杂性，使分模块设计、生产得以独立进行，压缩了设计时间（Sanchez and Mahoneym，1996），为稳健（低风险）的创新提供了一条捷径，并使技术创新的速度有了飞跃性提高（童时中，2011；姚德文，2012）。

刘继云和史忠良（2008）认为，模块化产业创新系统具有如下主要特征：其一，主体分散交互。产业内存在的众多彼此相互独立的模块生产商，以"背对背"竞争的形式参与模块设计的"锦标赛"，且又相互合作。其二，无系统控制者。整个产业链系统中没有控制主体，模块生产商之间的行为完全自主。其三，多层次的模块化组织具有交叉性。模块化产业创新系统中存在着多层次的企业组织，如模块生产商、模块集成商、中介机构等，企业组织间频繁互动，某个模块的变化会受到其他模块的影响，并会引起其他模块的变化。其四，整个模块化产业创新系统呈现出动态性，具有自催化的特征，模块化创新可以通过连锁传递式、涟漪扩散式和交叉渗透式等多种方式，引发整个产业的演进。模块簇群中的主体越多、模块越多、技术交流越频繁，产业创新系统的自催化作用越大，这正是近年来产业创新速度加快的原因之一。具有上述特征的模块化产业创新系统是典型的复杂适应系统。

朱丽萍、夏飞龙（2017）提出，模块化产业组织具有内生的技术创新机制，具体表现为技术创新的分散化效应、时间效应、规模效应和扩散效应。技术创新的分散化效应，即模块化降低了产业技术创新的进入壁垒，大多数小企业可以从事局部模块的创新。技术创新的时间效应，主要是指模块重复使用的时间节约、并行研发的设计周期缩短。技术创新的规模效应是指通用模块的大规模化生产获得的规模经济。技术创新的扩散效应是指通用模块的大规模化生产获得的规模经济。

目前的研究中，对模块独立性推动创新的研究相对较多，对模块创新统一性或者联动性的研究不但较少且不够深入，少有学者直接关注各个模块创新之间的关系。

3. 模块化对手机产业发展与技术创新的影响

手机特别是智能手机的设计和生产采用了模块化架构。手机的模块化给中国本土手机制造企业提供了进入的机会（谢伟，2004）。手机模块再整合极大地降低了手机生产企业技术领域的进入壁垒，中国国产手机两次大发展的根本原因在于手机模块化程度的改变（李晓华，2010）。

手机产业核心模块集成降低了新进入企业的创新壁垒、模块化分解提供了创新空间、模块架构重构削弱原有在位企业的垄断优势，为中国智能手机产业技术创新突破开启了"机会窗口"（武建龙、王宏起、李力，2014）。

（三）复杂系统与系统动力学方法

模块化产业创新系统是典型的复杂适应系统（刘继云、史忠良，2008）。而系统动力学作为经济数学的一个分支，是研究复杂系统的有效方法。

系统动力学方法于 1956 年起源于美国，由美国麻省理工学院 Forrester（1961）教授开创，当时称为产业动力学。20 世纪 70 年代末，系统动力学引入中国，二十多年来，系统动力学研究和应用在中国取得很大发展。21 世纪以来，系统动力学方法逐渐广泛运用于产业经济领域特别是高新技术产业领域的研究（胡实秋、宋化民、成金华，2001；张春香、刘志学，2007；原毅军、田宇、孙佳，2013）。

系统动力学从系统内部的微观结构入手，在把握系统内部结构、参数及总体功能的前提下，分析并把握系统的特性与行为。系统动力学定义复杂系统为高阶次、多回路和非线性的反馈结构。复杂系统中的反馈回路形成相互联系、相互制约的结构。系统动力学使用因果关系图和系统流图来表示系统的结构（许光清、邹骥，2006）。在系统动力学方法中，最核心的内容就是因果链的构建。因果链是一个分析变量互相变化关系、刻画系统作用力传送、刻画动力传送的新方法。

三　模型分析与构建

（一）智能手机产业技术创新的影响因素与机制

产业技术创新是由市场供给和市场需求共同决定的（Romer，1990；Mowery and Rosenberg，1990）。20 世纪 40 年代以来，科学领域中大的理论框架已经构就，重大发现已经发现完毕（约翰·霍根，1997）。对于智能手机产业来说，产业技术创新所依赖的基础科学（如固态物理学）已经成熟，沿着现行技术轨道，在技术供给层面上影响智能手机产业技术创新的主要是技术渐进性改进与工艺创新。作为技术机会因素[①]，技术渐进性改进与工艺创新过程中遇到的"瓶颈"则是关键阻碍因素。

产业技术创新与需求之间存在双向因果关系（Kleinknecht and Verspagen，1990；孙晓华、李传杰，2010）。对于采用了模块化架构的智能手机产业来说，创新基本上是各个模块单独进行的，而最终需求则是模块集成产品，即整个手机，而不是那个创新模块。所以，智能手机产业模块的创新，通过市场需求作为中介，对整个产业技术创新产生联动作用。而所联动产生的技术创新，诱导产生新一轮需求，形成一个反馈循环。图 1 描述了智能手机产业技术创新的主要影响因素与机制。

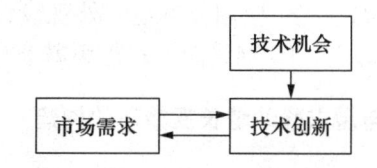

图 1　智能手机产业技术创新的主要影响因素与机制

[①] 所谓技术机会反映了对于给定研发投入，取得创新成果的可能性（Breschi and Malerba，1997）。

（二）影响智能手机需求的关键模块

根据各大手机品牌商历年发布会的介绍，结合相关期刊论文、研究报告，本文将智能手机基本模块划分为芯片、屏幕、摄像头、3G/4G 网络功能、系统、应用、电池、外观设计和内存九个模块。影响智能手机需求的关键模块包括芯片、屏幕、摄像头和 3G/4G 网络功能四个模块，也就是模型中涉及的模块。下面对其余五个模块未能列入影响智能手机需求关键模块的原因进行必要的解释。

1. 系统

智能手机运用的系统主要是苹果的 iOS 系统、谷歌的 Android 系统，以及小米的 MIUI、华为的 Emotion UI 等基于 Android 系统的改进版本。虽然手机系统基本分为两大阵营，且不断推出新版本，但消费者可通过系统升级来实现功能升级，不需购入新手机，而且少有消费者因为系统差异而选择更换手机。

2. 手机应用

手机应用的数量直接影响消费者的使用体验，但目前所有应用都可通过下载获取，不存在为了应用而更换手机的情况。手机配置不能满足应用，基本上是芯片性能方面的原因，所以，我们将其归入芯片性能因素。

3. 电池

电池损坏是很多消费者选择更换手机的"原因"。但是，通过走访手机修理商发现，目前所有手机基本都是可以更换电池的，其成本远低于换机成本。因此本文认为，因电池原因换手机只是次要原因，或者只是换机借口。

4. 外观设计

外观设计在一定程度上受消费者个人偏好的影响，并不存在绝对的优劣之分，难以进行量化。因此，不将外观设计作为一个独立模块。

5. 内存

内存是消费者购机重要关注点，但目前智能手机内存能够满足消费者的真实需求，且网盘能够对智能手机内存形成有效补充，很少有消费者因此更换智能手机。

因此，模型中不考虑系统、应用、电池、外观设计、内存等因素，只考虑芯片、屏幕、摄像头和 3G/4G 网络四个对市场需求有直接影响的模块。

（三）各模块创新与需求联动增长反馈环的构建

1. 芯片性能

芯片是智能手机最为核心的部分。智能手机芯片主要包括基带、处理器、协处理器、RF、触摸屏控制器芯片、处理器、无线 IC 和电源管理 IC 等。伴随联发科"交钥匙"方案的推出，智能手机芯片逐渐向一体化方向发展。市场上智能手机芯片设计厂商（品牌厂商）主要包括高通、联发科、三星、华为、展讯等。

在市场经济中，芯片技术创新的动力主要源于市场上智能手机的有效需求。同时，技术"瓶颈"作为主要阻碍因素在很大程度上制约着芯片性能的提升速度。两者共同决定一定时期内芯片性能的增长量。据调查，智能手机正常使用周期为两年，绝大多数理性消费者在正常使用两年后才会考虑更换智能手机。因此，本文中所有模块性能增长量的衡量期限为两年。芯片性能增长量决定因芯片性能提升引发的换机比率。为方便起见，引入"影响因子K_1"，两者共同决定在某一时期内"芯片性能提升引致换机比率"。

根据以上分析，构建第一个反馈回路（见图2）：智能手机总需求量→芯片创新动力→两年内芯片性能增长量→芯片性能引致换机比率→引致需求量R_1→智能手机总需求量。

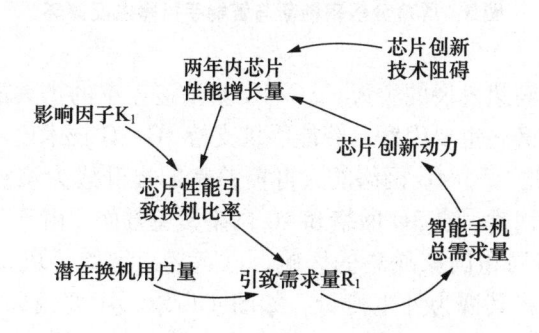

图2　芯片创新与智能手机需求因果反馈环

2. 智能手机屏幕分辨率

智能手机一个非常重要的参数是屏幕分辨率。屏幕分辨率是关系到用户体验的最直接影响因素。通常情况下，智能手机屏幕有 QVGA、HVGA、WVGA 和 VGA 四种屏幕，消费者购机时从商家处了解到关于屏幕的相关信息多为主屏尺寸、主屏分辨率等，如 iPhone 6 的主屏尺寸为 4.7 英寸，主屏分辨率为 1334×750 像素。而现实中，真正影响智能手机屏幕效果的核心参数为图像分辨率（Pixels Per Inch，PPI），即每英寸所拥有的像素（Pixel）数目。PPI 数值越高，说明显示屏能够以越高的密度显示图像，拟真度就越高。

此处依据同芯片性能提升同样的逻辑，构建第二个正向反馈环（见图3）：智能手机总需求量→分辨率创新动力→两年内分辨率增长量→分辨率提升引致换机比率→引致需求量 R_2→智能手机总需求量。

3. 全球3G/4G网络覆盖率

3G 是第三代移动通信技术，是指支持高速数据传输的蜂窝移动通信技术，能够同时传送声音及数据信息，速率一般在几百 kbps 以上。而 4G 作为市场应用的最新移动通信技术，该技术能够以 100Mbps 以上的速度下载，比一般的家用宽带 ADSL 快 25 倍，能够满足几乎所有用户对于无线服务的要求。

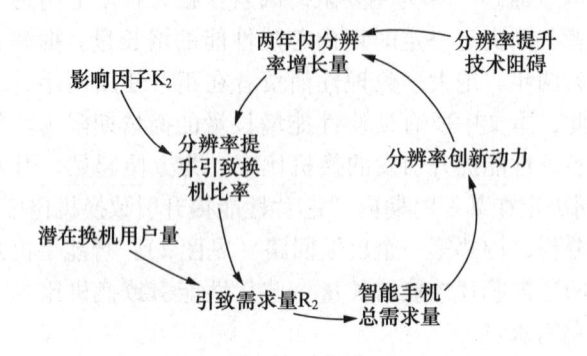

图 3　屏幕分辨率创新与智能手机需求反馈环

在信息技术高速发展的今天，3G/4G 基站覆盖率的扩大成为影响消费者更换智能手机的又一重要因素。智能手机支持 3G/4G 技术已不存在绝对的技术"瓶颈"，因此，3G/4G 网络的人群覆盖率的提升成为该板块拉动智能手机需求量的关键因素。在 3G 网络和 4G 网络覆盖方面，由于受电信企业（多受国家控制）布局和国家战略的影响，已远超出智能手机市场需求拉动范畴，因此，我们将其视为外生变量。如图 4 所示，主要因果关系链为：3G/4G 网络覆盖率增长量→网络覆盖率提升引致换机比率→引致需求量 R_3。

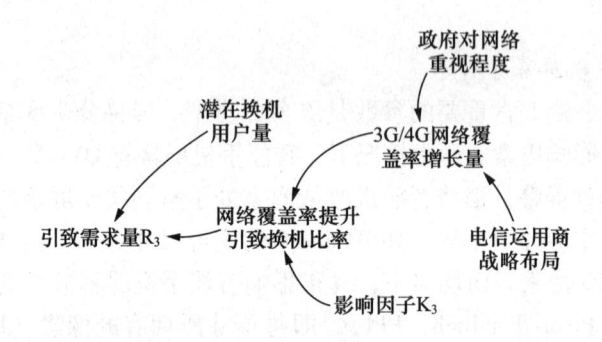

图 4　网络覆盖率和需求因果关系链

4. 摄像头像素

随着智能手机像素的提升，手机自带摄像头逐渐开始满足人们的一般需求，在一定程度上替代了家用照相机。以华为为代表的一些厂商甚至开始尝试同专业生产相机的厂商进行合作，并相继推出一批主打像素的智能手机，如华为于 2015 年推出的 P9。智能手机虽然不可能满足专业的拍摄需求，但是，就日常生活而言，随着像素的提高，智能手机的替代效应日益凸显，逐渐成为消费者购买智能手机的重要参考。

虽然构成摄像效果的因素有很多，不仅仅是像素，但为了简化计算，且考虑到像素是最为主要的因素，因此，模型的构建只是围绕智能手机摄像头像素。同样，构建出智能手机需求量和像素提升的因果关系反馈环（见图5）：智能手机总需求量→手机像素创新动力→两年内像素增长量→像素性能提升引致换机比率→引致需求量 R_4→智能手机总需求量。

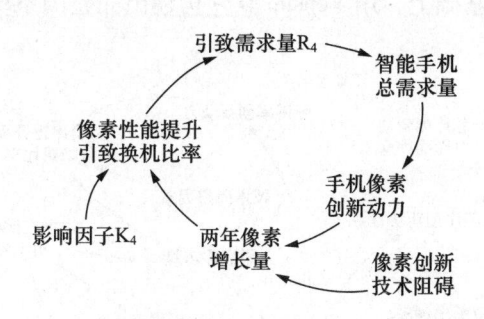

图 5 摄像头像素和需求因果关系链

（四）新增用户与非性能影响因素

除性能因素外，智能手机新增用户及其他非性能影响因素也是影响智能手机出货量的重要影响因素。所谓智能手机新增用户数，是指初次购买智能手机的用户数，主要会受到宏观经济发展状况、文化环境、社会环境等多种不可控因素的影响。除此之外，每年智能手机的出货量还有一部分源自性能提升和新增用户之外的一些因素。主要包括手机丢失、意外损毁等被动因素，追求潮流跟风这样的主观因素，以及因手机使用时间过长而整体性能老化。本文将上述四种性能因素（芯片性能、智能手机屏幕分辨率、全球3G/4G网络覆盖率和智能手机像素）和新增用户之外，影响智能手机需求的所有其余因素统称为非性能影响因素。

（五）模型的构建

1. 模型中涉及的主要变量

模型中涉及的主要变量包括两年芯片性能增长量、潜在换机用户量、非性能引致换机量、芯片性能引致换机比率、网络覆盖率提升引致换机比率、像素性能提升引致换机比率、分辨率提升引致换机比率、影响因子 K_1、影响因子 K_4、引致需求量 R_1（芯片性能提升引致需求量）、引致需求量 R_2（分辨率提升引致需求量）、引致需求量 R_3（网络覆盖率提升引致需求量）、引致需

求量 R_4（像素性能提升引致需求量）、新增用户引致需求量 R_5、非性能换机引致需求量 R_6 和智能手机总需求量。

智能手机总需求量由芯片性能提升引致需求量（R_1）、分辨率提升引致需求量（R_2）、网络覆盖率提升引致需求量（R_3）、像素性能提升引致需求量（R_4）、新增用户引致需求量（R_5）和非性能换机引致需求量（R_6）六个部分构成，是这六部分需求量之和。

2. 系统动力学模型

在以上分析的基础上，用 Vensim 软件构建出完整的系统动力学仿真模拟模型（见图6）。

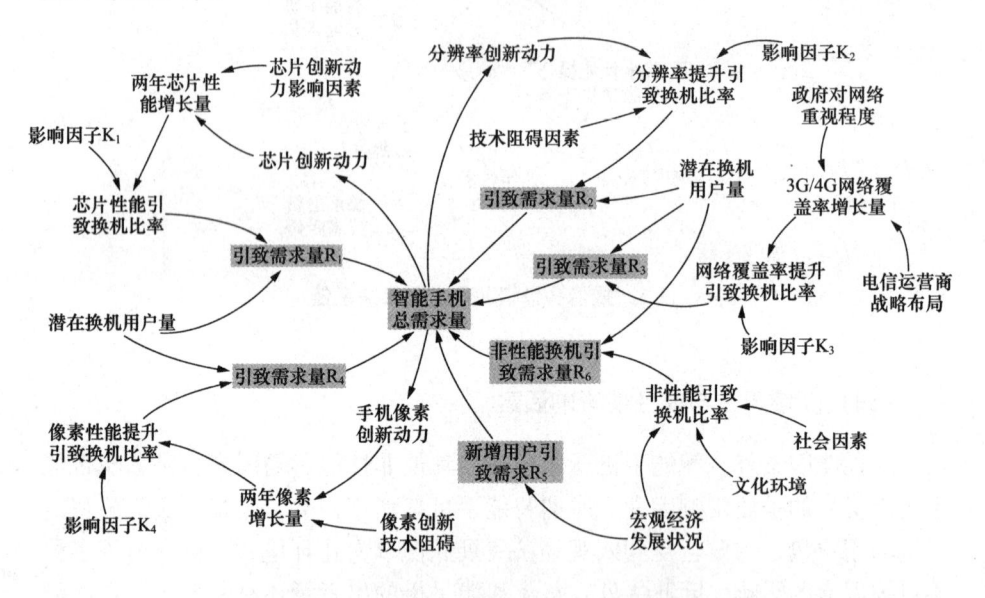

图6 智能手机产业系统动力学仿真模型

四 短期仿真模拟

（一）仿真模拟中涉及的智能手机产业相关数据及其来源

在模块分解的基础上，为对智能手机产业进行量化仿真模拟，需要有详细的产业发展数据和消费者近五年换机动机数据。但目前并没有任何一家机构对相关数据进行过有效的统计分析，市场上智能手机各个模块的性能虽有公布，但难以代表整个市场的发展状况。

本文数据来源主要有三种途径。第一，通过 GSMA 和 Trendforce 等官方网站获取智能手机产业发展基本数据；第二，通过网站获取智能手机基本性能数据，整理后得到历年智能手机各模块性能提升量数据；第三，通过问卷调查，了解消费者近五年换机动机。考虑到数据引用可能存在争议，但确实又是现有情形下对智能手机产业分析能够运用到的最可行方式，因此有必要对数据来源进行阐述。

1. 产业发展基本数据

产业发展基本数据主要来自 GSMA 和 Trendforce 的官方统计。其中，GSMA 整理的数据是在对全球移动运营商进行充分调研分析的基础上获得的，该组织横跨 220 多个国家和地区，连接全球移动生态系统中近 800 家移动运营商。因此，本文认为，其相关报告中所列数据真实可信。Trendforce 统计的出货量数据是目前手机行业和有关分析所广泛采用的数据。

2. 模块性能提升数据

相关行业报告中尚不存在对市场上智能手机模块性能进行统计整理的相关数据。为了解模块因创新而引发的性能提升量，本文对基本数据进行整理，从而分析市场上近五年智能手机的性能提升幅度。

2014 年以来，市场上智能手机年出货量已超过十亿部。各种品牌纷杂，难以对每一款手机进行性能分析，而且各款手机出货量数据均由企业公布，权重的准确度远远不够。因此，不可能从整体角度进行统计。事实上，智能手机根据价位和性能可分为高端、中端和低端。通常情况下，当新款高端智能手机出现时，上一年的高端手机从价格和性能上都会降为中端，相应的中端手机将会降为低端。智能手机性能的提升是高、中、低端同步进行的。因此，若只关注性能的增长量，可用每年高端手机的性能增长量来代表整个产业的性能增长量，只需对每年最具代表性的高端手机性能进行统计即可。

以芯片为例。从 Trendforce 数据库中可获知每年出货量最高的五个智能手机厂商，以这五个厂商每年的旗舰手机作为样本进行分析。例如，2015 年出货量最大的五个智能手机厂商是三星、苹果、联想、小米和 LG，其旗舰手机搭载芯片的性能评分的平均分为 4080ppi（见表 1），相比于 2014 年的 2937ppi，当年芯片性能增长量为 1143ppi。类似地，我们可以得到各个模块各年度的性能增长量。

表 1　　2015 年前五大品牌旗舰手机芯片性能得分

品牌	旗舰手机品牌	芯片型号	多核芯片均分	多核均分
Samsung	Galaxy S6	samsung SM – G920K	4868.1	
Apple	iPhone 6s Plus	Apple A9	4374.6	
Lenovo	乐檬 X3	骁龙 808	3526.5	4080
Xiaomi	Xiaomi Note Pro	骁龙 810	4104.3	
LG	LG V10	骁龙 808	3526.5	

资料来源：根据 Trendforce 和 Geekbench 的样本数据进行整理。

3. 消费者换机动机数据

因宏观环境的变化以及各个模块在各年度性能提升幅度的不同，消费者每年更换智能手机的动机都有所区别。为了解消费者真实换机动机，本文以问卷的方式获取近五年中消费者因各种原因更换智能手机的比率。如2015年，49.02%的潜在换机用户因性能提升原因更换智能手机，其中，因芯片性能提升引致的潜在用户换机比率为6.36%；因分辨率提升引致的潜在用户换机比率为2.69%等。结合Trendforce给出的每年度智能手机用户数量，能够计算出各年度因不同原因引致的智能手机真实需求量。

我们共收集到调查问卷256份，其中有效问卷250份。由于调查所涉及的时间段较短，基本集中在2012—2016年五年间，且受调查的地域和年龄段较为分散，基本能够代表中国智能手机市场中消费者的真实换机动机。考虑到中国是全球智能手机市场的重要风向标，本文用问卷方式获取的数据代表整个智能手机产业中消费者的换机动机。

（二）参数确定

1. 芯片性能影响参数

在查阅芯片相关资料并结合现实情况综合分析后，本文选取芯片性能测评软件Geekbench列出的单机数据作为样本点，对每款芯片选取20个有效数据点求平均值，得出每款芯片处理器的平均得分。例如，通过对iPhone 5s搭载的A7处理器进行统计分析，多核平均得分为2485.65。此外，用每年出货量前五的智能手机厂商的旗舰手机代表高端智能手机的性能现状，用高端智能手机芯片性能平均得分增长量代表整个智能手机市场芯片性能的提升。例如，2015年出货量最高的五家手机厂商分别为三星、苹果、联想、小米和LG，分别对其旗舰手机的芯片性能进行统计，得分基本维持在3500—4870，求五款手机芯片平均得分，可知，2015年度高端智能手机芯片得分为4080左右。

芯片性能的提升主要源于处理器运算速度的提升，近年来其性能提高的根本原因在于：单核芯片运算速度的提升、核数的增加以及多核间结构的优化。从表3中可以看出，高端智能手机处理器的平均性能得分从2011年的424ppi增至2015年的4080ppi，增加将近9倍。

在"智能手机总需求量→芯片创新动力→两年内芯片性能提升"关系链中，智能手机需求量成为创新的根本动力。经过市场调研并与相关业内人士沟通发现：在目前的市场状况下，高性能芯片处于绝对的卖方市场。因此，需求量的变动对性能增长再没有进一步的拉动作用，芯片性能提升速度主要源于技术"瓶颈"。在芯片行业，摩尔定律是业内普遍认可的客观规律，即当价格不变时，集成电路上可容纳的元件数目，一般每隔18—24个月便会增加一倍，性能也将提升一倍。但是，国际半导体技术发展路线图显示更新增长在 2013 年年底已开始放缓，之后的时间里晶体管数量密度预计只会每三年翻一番。高端智能手机芯片的性能提升也反映出这一规律：在 2013 年之前，高端智能手机芯片评分基本每年翻一番；在 2013 年之后，增速开始放缓。因此，在模型构建中，本文在假定芯片厂商有足够创新动力的前提下，以芯片性能每三年翻一番的方式来预计芯片性能的提升。考虑到技术"瓶颈"的出现会逐渐放缓创新速度，因此，随着时间的推移，模型中增长速度也逐渐放缓。

在"两年内芯片性能提升→芯片性能引致换机比率→引致需求量 R_1"因果关系链中，性能的提升能够引发一定比率的消费者选择更换智能手机。其中，"潜在换机用户量"是拥有手机第二年的用户数量。通过问卷调查发现，芯片性能的增长能够明显引发消费者的换机意向，而且两个变量之间呈现出明显的正相关关系（见表2）。

表2　　　　　　　　　　　性能提升引致换机率

年份	2012	2013	2014	2015
两年内芯片性能提升（ppi）	892	2165	1836	1491
潜在换机用户因芯片性能引发的换机概率（%）	14.35	9.97	8.16	6.36

资料来源：据 Trendforce 2012—2015 年智能手机报告、问卷调查计算。

由于两年内芯片性能提升与潜在换机用户因芯片性能引发的换机比率两者之间的关系受实际经济环境的影响会发生一定程度的变动，不存在准确的系数，因此，本文用系统动力学的方法观察上述数据，并结合现实寻找基本规律，构建表函数（见表3），并以此为基础对未来进行预计。

表3　　　　　　　　　　两年内芯片性能提升的表函数

年份	2011	2012	2013	2014	2015	2016（估计）	2017（估计）	2018（估计）
芯片性能（ppi）	424	1101	2589	2937	4080	5178	5874	7678
两年内芯片性能提升（ppi）	—	—	2165	1936	1491	2241	1794	2600

2012 年较 2010 年性能提升虽然只有 892ppi，但鉴于这是智能手机发展初期，且是双核芯片出现的第一年，这一幅度的变动已经足以引发当时市场的震动，因此引发的换机概率较大。但之后三年的增速能够代表市场对芯片

性能提升的敏感程度。经过和大量消费者沟通，并结合现实情况容易发现，只有当性能提升到一个基本数量值时，消费者才有换机动力，在此基础上，每一个幅度的增长都会激发部分消费者的换机欲望。通过观察 2013 年、2014 年、2015 年的数据，容易得出以下规律：在目前的市场环境下，芯片性能提升 1491ppi 就可促使 6.36% 的用户更换智能手机，在此基础上，性能每提升 330ppi 左右，能够促使额外 1.80% 的智能手机用户更换手机。而随着智能手机整体性能的提升，智能手机换机需求对芯片性能提升的弹性会逐渐下降，因此，影响因子 K_1 会逐渐下降。

为了方便系统动力学的计算，我们将以上规律用数学的方式进行表达如下：

$$\frac{x_1 - 1491}{330} \times K_1 = y_1 - 6.36\%$$

其中，x_1 为芯片性能增长量，y_1 为芯片性能提升引致的换机概率。

根据以上分析，我们制定具体表函数，见表 4。

表 4　　　　　　　　　　　参数 K_1 的表函数

年份	2013	2014	2015	2016	2017	2018
K_1（%）	1.80	1.80	1.80	1.70	1.65	1.60

2. 智能手机屏幕影响参数

为方便对智能手机屏幕分辨率进行量化计算，我们用 PPI 为标准来衡量屏幕清晰度提高的程度。PPI 的计算公式如下：

$$PPI = \frac{\sqrt{x^2 + y^2}}{z}$$

其中，x 表示长度像素数；y 表示宽度像素数；z 表示屏幕尺寸。

同样，我们通过出货量最高的五个品牌的每年度旗舰手机来衡量高端智能手机分辨率提高量，并以此代表整个智能手机产业分辨率的变化量。通过计算，容易得出相关数据（见表 5）。

表 5　　　　　　　智能手机出货量及屏幕分辨率提升量

年份	2012	2013	2014	2015
智能手机出货量（亿部）	7.17	9.27	11.67	12.93
屏幕分辨率（ppi）	321	367	432	467
分辨率提升（ppi）	95	96	111	100

资料来源：据 Trendforce 2012—2015 年相关报告、网络资料计算。

智能手机总需求量对于分辨率性能提升维持在一个相对稳定的范围内，当智能手机市场需求量在 7 亿部以上时，基本能够使分辨率保持每年 100ppi 的增长。屏幕分辨率在智能手机市场的拉动下依然有较大的增长潜力，短期内并没有绝对的技术"瓶颈"。因此，我们预计，创新动力持续较高的情形下，2016—2018 年，智能手机分辨率的技术创新依然可以保持在 100ppi 左右的增长量。我们将 2016—2018 年智能手机分辨率性能的提升估算为每年 100ppi 的增长量。

分辨率作为智能手机的重要性能之一，在消费者选择购机时影响较大，也是商家推广手机的重要着力点。但是，随着分辨率逐渐满足大多数用户的需求，消费者对屏幕清晰度的敏感度逐渐下降，相比之下，低于芯片性能提升带来的影响。通过问卷调查发现，分辨率对用户换机决策的影响在 2012 年达到 4.04%，而后呈逐年下降趋势（见表 6）。

表 6   分辨率提升引致换机比率

年份	2012	2013	2014	2015
分辨率性能提升（ppi）	95	96	111	100
分辨率提升引致换机比率（%）	4.04	3.21	2.69	2.69

资料来源：据网络数据整理、问卷调查计算。

由于 2010 年智能手机分辨率相对较低，故较低程度的增长能够促使较多智能手机用户选择更换手机。从 2013 年开始，智能手机分辨率的提升对用户的影响程度维持在相对较低的水平。2014 年和 2015 年，仅有 2.69% 的用户因分辨率提升而选择更换手机。在这背景下，2016—2018 年，分辨率对智能手机用户的影响应该维持在 2%—2.7% 的水平，并且会有逐年下降的趋势。我们将 2016—2018 年的分辨率提升引致换机比率分别设为 2.68%、2.67%、2.65%。

3. 全球 3G/4G 网络影响参数

根据 GSMA 给出的相关报告、调查问卷中所获得的数据进行整理，见表 7。通过表 7 数据可以发现：随着 4G 网络的成熟，3G 网络覆盖率的增长，3G 网络的覆盖速度逐渐趋于饱和，其对智能手机换机的影响开始减退，在未来几年甚至可以不计。因此，我们在对未来智能手机换机用户的统计中，主要以 4G 网络覆盖率的提升为依据，在参数估计中，以 3G 网络之前的影响作为重要的参考因素。2014 年，当 3G 网络和 4G 网络的覆盖率增长量均为 15% 时，因网络更新带来的换机比率为 7.53%。到 2015 年时，虽然换机比率依然较高，但是，开始出现下降的态势，仅为 6.30%，出现一定程度的下降。因此，虽然 2016 年和 2017 年预计 4G 网覆盖率依然高速增长，但带来的换机比率不会出现太大波动。在此背景下，结合市场上的部分预测，我们认为，2016—2018 年，网络引发的换机比率维持在 7% 左右，并将之设定为 7%。

表7　　　　　　　　　3G/4G 网络覆盖率与对应换机比率　　　　　　　　单位:%

年份	2012	2013	2014	2015	2016	2017
3G 网络覆盖率	58	66	73	78	81	84
4G 网络覆盖率	11	19	26	35	44	50
3G 覆盖率增长量	36	16	15	12	9	6
4G 覆盖率增长量	9	14	15	16	18	15
因网络换机比率	8.97	6.53	7.53	6.30	7（估计）	7（估计）

资料来源：据 GSMA 官方网站数据、问卷调查计算。

4. 摄像头影响参数

智能手机一般有两个摄像头：前置摄像头和后置摄像头。通常情况下，后置摄像头由于使用更为频繁，其像素要远远大于前置摄像头。如目前新上市的 iPhone7，其前置摄像头为 700 万像素，而后置摄像头像素则为 1200 万像素。结合目前市场关注焦点集中在后置摄像头的现状，本文在研究中对摄像头像素量化计算以后置摄像头为主。

后置摄像头作为智能手机的重要功能之一，其像素的提升极大地提高了用户更换智能手机比率。通过统计出货量最高的五个智能手机品牌商各年度旗舰手机的像素，对智能手机产业后置摄像头的发展，得出像素提升引致换机率如表 8 所示。

表8　　　　　　　　　　像素提升引致换机率

年份	2012	2013	2014	2015
像素增长量（万像素）	300	418	420	340
引致换机率（%）	3.02	4.10	4.10	3.33

资料来源：据网络数据整理、问卷调查计算。

同屏幕分辨率相似，用户只有当像素的增长量提升到一定数值时才会选择更换智能手机，在此基础上，随着智能手机像素增长量的提高，会带来更多的用户选择换机。就统计的数据来看，相比两年前，像素的增长量大致维持在 300—420 万像素，2013 年和 2014 年达到最高值，为 420 万像素左右，而在 2015 年，增速略有下降，但依然维持着较高的增长速度。而由于像素引发的智能手机换机率保持在3%—5%。同时，容易发现，当像素有300万像素的基本增长量时，会有3.02%左右的人群愿意因此而更换手机。在此基础上，像素每增长40万像素，会引致0.3%—0.4%的消费者愿意因此而更换手机。

为了方便系统动力学模拟，我们将这种规律用数学的方式进行表述：

$$\frac{x_4 - 300}{40} \times K_4 = y_4 - 3.02\%$$

其中，x_4表示像素增长量，y_4表示引致换机率。

同时，我们发现，继2014年增速达到420像素后，到2015年增速放缓。结合现实中，后置摄像头像素已经逐渐满足多数消费者的真实需求，随后伴随像素的提高，用户选择更换智能手机的动力会有所下降，基于此，制定如表9所示的函数关系。

表9　　　　　　　　　　　K4表函数

年份	2013	2014	2015	2016	2017	2018
K_4	0.00366	0.0036	0.0031	0.0029	0.0028	0.0027

5. 非性能影响因素

结合GSMA2015年对智能手机新增用户量的报告以及对未来的预测，这里选择将"非性能换机引致需求量R_6"外生化处理。通过调查发现，性能引致换机比率逐年呈现下降趋势，与之对应的非性能因素引致的换机比率逐年上升，而且有一定的规律（见表10）。

表10　　　　　性能和非性能引致换机比率　　　　　单位:%

年份	2013	2014	2015	2016年前三季度
性能引致换机比率	60.00	54.17	49.02	45.95
非性能引致换机比率	40.00	45.83	50.98	56.05

资料来源：据问卷调查计算。

随着智能手机整体性能的提升，以及模块性能增速的逐年放缓，消费者因性能原因而更换手机的比率呈下降趋势，自2013年开始，以每年以5%左右的比例下降。但是，这种下降速度逐渐放缓，因为性能提升对于智能手机换机频率的影响相对而言还是比较大的。因此，在未来两年内，在智能手机各个模块性能没有出现突破性创新的情形下，因性能原因引致换机比率呈逐渐下降的趋势，而下降幅度也会出现逐渐下降。

首先通过问卷得出 2015 年度非性能换机率,然后将所得数据乘以 2013 年（两年前）换机总量。最后,依次得出 2012—2018 年非性能引致换机量（见表 11）。

表 11　　　　　　　　　非性能引致换机量

年份	2012	2013	2014	2015	2016	2017	2018
非性能引致换机量（亿部）	1.22	1.09	2	3.05	4	5	5.5

资料来源：据问卷调查计算。

6. 新增用户引致需求量

在全球范围内,许多国家所统计的拥有智能手机的人数开始接近于人口总数,发达国家的引致需求能力必然开始下降,引致需求量已经开始呈现明显递减的趋势。结合 GSMA2015 年对智能手机新增用户量的报告以及对未来的预测、我们的问卷调查等,2012—2018 年新增用户引致需求量估算如表 12 所示。

表 12　　　　　　　　　新增用户引致需求量

年份	2012	2013	2014	2015	2016	2017	2018
新增用户引致需求量（亿部）	4.73	6.54	7.3	6.94	6.24	5.66	5.4

资料来源：据 GSMA 官方网站数据、问卷调查计算。

7. 潜在换机用户量

根据智能手机的相关研究报告,一般用户在现有手机使用两年左右会考虑换手机。我们将潜在换机用户量估算为两年前的智能手机用户数量,2012—2018 年的估算值见表 13。

表 13　　　　　　　　　非性能引致换机量

年份	2012	2013	2014	2015	2016	2017	2018
潜在换机用户量（亿部）	4.46	7.73	12.46	19	26.3	33.24	39.48

资料来源：据 GSMA 官方网站数据计算。

（三）假设条件与短期仿真模拟结果

1. 假设条件

短期仿真模拟是基于以下两个假设条件进行的：

假设1：全球智能手机用户数可无限扩张，不存在绝对上限。

假设2：智能手机模块性能可持续增长，不存在绝对技术"瓶颈"。

以上假设在目前智能手机产业高速发展的背景下符合现实情况，在短期的产业仿真模拟中不会出现结构性错误。

2. 短期仿真模拟结果

将前面所确定的参数，输入到 Vensim 软件构建的模型（见图6）中进行短期定量模拟。图7是智能手机需求量的短期仿真模拟结果。从图7中可以看出：2016—2018年，智能手机出货量保持相对稳定的增长速度。到2018年，智能手机有效需求量将达到20亿部手机，对于整个智能手机产业将会是一个巨大的机会。

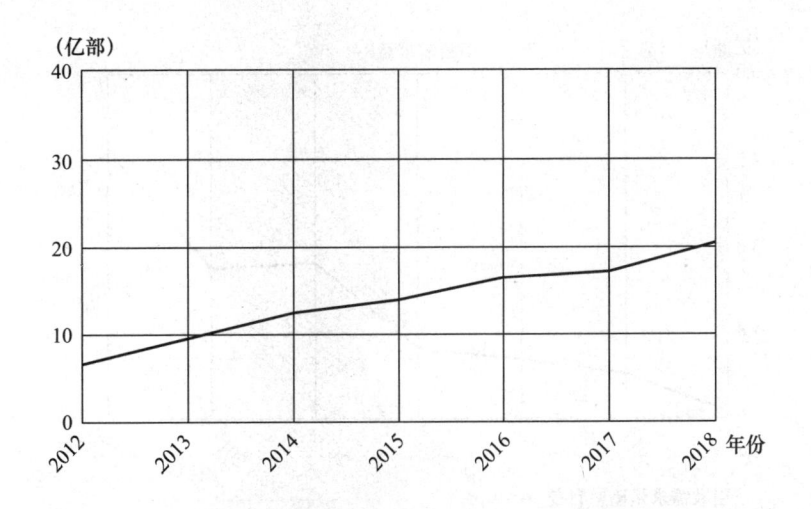

图7　智能手机需求量的短期仿真模拟结果

智能手机总需求量由以下六个部分构成：芯片性能提升引致需求量（引致需求量 R_1）、分辨率提升引致需求量（引致需求量 R_2）、网络覆盖率提升引致需求量（引致需求量 R_3）、像素提升引致需求量（引致需求量 R_4）、新增用户引致需求量 R_5 和非性能因素换机引致需求量 R_6。图8列出这6个引致需求要素对智能手机产业需求各自的贡献度。从图8中可以看出：

芯片性能提升对智能手机需求量的拉动将从2015年的1.4亿部左右提升至2018年的4.5亿部，贡献度将最大，说明芯片性能依然是影响用户换手机的最重要因素，在影响智能手机需求的四大关键模块中属于最核心模块。这种情况的出现主要源于芯片性能将大幅提升，且用户对芯片性能提升的敏感度依然较高。

在影响智能手机需求的四大关键模块中，网络覆盖率的贡献度仅次于芯片性能。网络覆盖率的持续增长，对智能手机需求量的拉动在 2018 年达到 2.7 亿部；像素提升的贡献度居于第三位，对智能手机需求量的拉动在 2018 年达到 1.7 亿部；分辨率提升的贡献度最低，对智能手机需求量的拉动在 2018 年仅达到 1.1 亿部，相对而言来智能手机屏幕可以视为后面分析提及的非核心模块。这三大关键模块对智能手机需求量的拉动比较平稳地逐年递增。

新增用户对智能手机的贡献度将会持续下降。这主要源于随着用户数的增多，智能手机市场逐渐趋于饱和，新增用户数必然下降。

特别值得注意的是，非性能因素换机量这种与产品创新基本无关的需求量将比较平稳地持续递增。

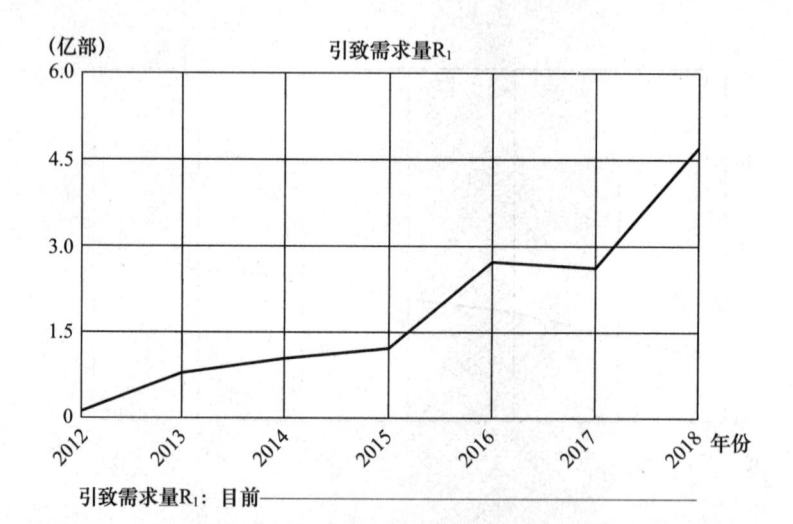

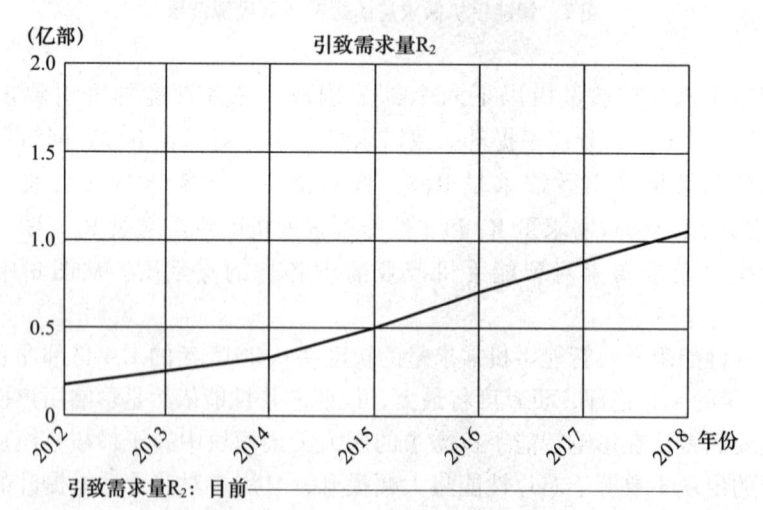

(亿部)　　　　　引致需求量 R_1

引致需求量 R_1：目前

(亿部)　　　　　引致需求量 R_2

引致需求量 R_2：目前

引致需求量 R_3

引致需求量 R_3：目前

引致需求量 R_4

引致需求量 R_4：目前

新增用户引致需求量 R_5

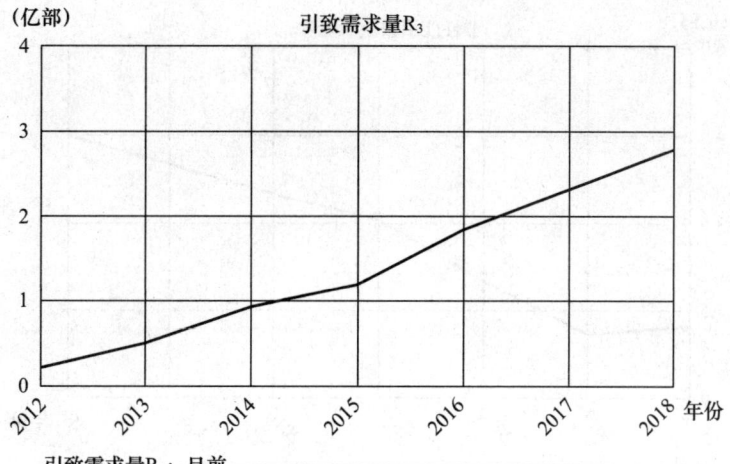

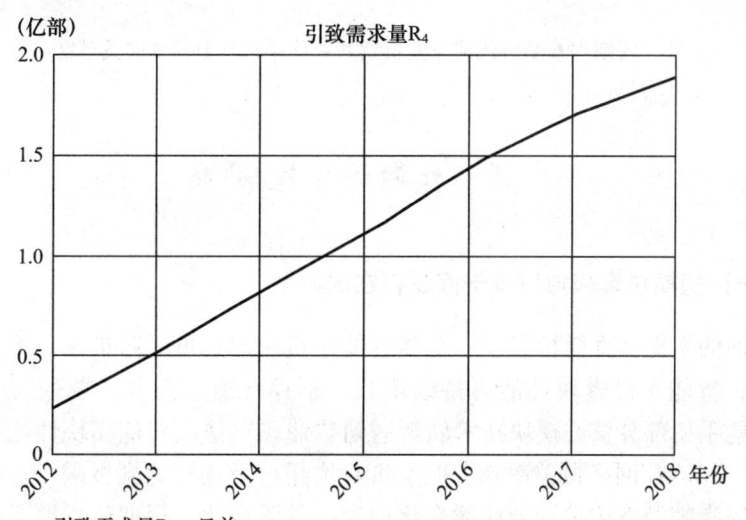

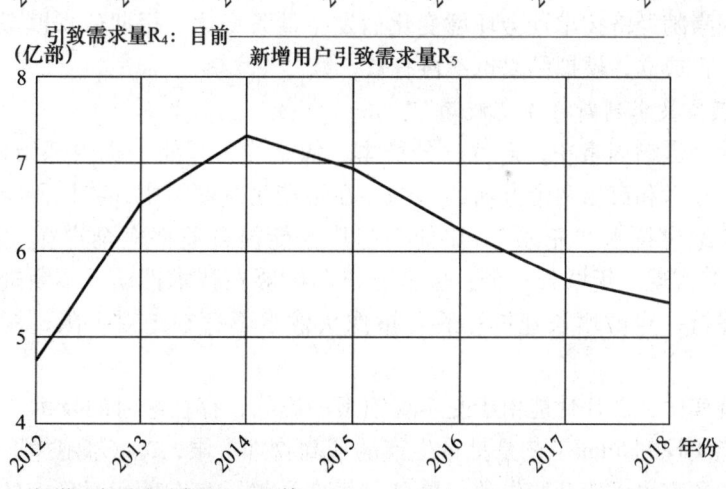

新增用户引致需求量 R_5：目前

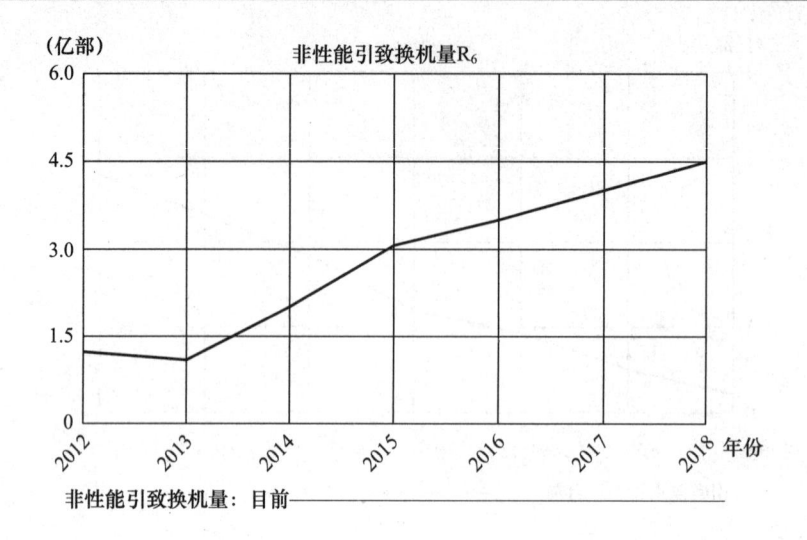

图8　短期内6个引致需求量要素对智能手机产业需求的贡献度

五　长期仿真模拟

（一）短期仿真模拟所基于假设存在的问题

前面的短期仿真模拟假设：全球智能手机用户数可无限扩张，不存在绝对上限；智能手机模块性能可持续增长，不存在绝对技术"瓶颈"。但是，随着智能手机部分核心模块技术创新遇到"瓶颈"进而对应模块性能提升不可持续，3G/4G 网络覆盖率和智能手机新增用户量逐渐达到极限，非性能引致需求因素随经济技术社会环境变化而发生显著变化，短期仿真模拟所依据的假设不再成立，模拟结果也不再有效。

1. 模块技术创新存在"瓶颈"

在六个影响因素中，芯片、分辨率、像素均为智能手机内部结构构成，其创新受技术和市场两个方面的影响。在短期仿真模拟中，我们假定技术创新不存在绝对技术"瓶颈"。比如，芯片性能提升速率完全遵循"摩尔定律"，能够实现三年增长一倍；屏幕分辨率能够在技术推动下不断提升，而且能够保持一定的增长速率；后置摄像头像素不存在绝对上限，能够不断提高。

但现实中，芯片性能由于受客观因素的影响，存在绝对的技术"瓶颈"，未来可能实现的 5nm 工艺是批量生产的最高物理上限，"摩尔定律"在半导体行业的预言也可能开始失效。屏幕分辨率虽然一直有着相对稳定的上涨趋势，但是，也存有一定的技术阻碍。后置摄像头像素在逐渐迫近数码相机像素的过程中,受限于智能手机对摄像头体积的苛刻要求,在中长期发展中一定会遇到技术"瓶颈"。

2. 非技术影响因素发生显著变化

非技术影响因素具体包括3G/4G网络覆盖率、新增用户和其余非性能因素三种。这三种影响因素的发展主要受国家政策、社会经济、文化等宏观因素的影响。在前面的短期仿真模拟过程中,我们假设非技术影响因素永远存在,而且能保持在一个相对稳定的范围对智能手机产业的发展产生影响。即3G/4G网络覆盖率的增长量能够持续发生,并保持在一个稳定的增长范围内;每年都会有相当数量的新增用户拉动智能手机的有效市场需求;丢失、意外损毁、盲目跟风等现象引致的被动换机现象依然时有发生,不会随着社会的发展有任何改善。

但现实中,3G/4G网络覆盖率存在绝对上限,受电信运营商战略布局影响,当网络对人群的覆盖率增加到一定程度后,将不会再继续增长。根据GSMA对全球主要电信运营商分析后出具的报告,3G网络覆盖率在2018年增至86%后将不再增长;4G网络覆盖率在2020年左右将达到63%左右,此后增长速度也将明显放缓。因此,到2020年左右,3G/4G网络将成为绝大多数智能手机用户日常使用的性能,覆盖率的提升对用户换机率的影响将微乎其微。短期仿真模拟中3G/4G网络覆盖率持续稳定的增长量将会下降。

近年来,智能手机新增用户量一直保持着相当高的水平,是拉动智能手机产业发展最重要的影响因素。在短期的仿真模拟中,由于智能手机用户数量本身相对较低,每年均可保持3亿—5亿的用户增长量。到2018年,全球智能手机用户数将达到46亿。以目前的增速来看,2020年新增用户量将会远远低于目前的水平,由此引发的智能手机需求量也将会降至新低。因此,在长期的产业仿真模拟中,需要对新增用户量进行调整。

本文中,非性能引致需求涵盖以上五种因素之外所有的其余影响因素。主要包括手机丢失、意外损毁等被动因素,追求潮流、跟风这样的主观因素,以及因手机使用时间过长而整体性能老化。历年智能手机更换原因中,该因素占有较大比重。因此,在产业短期模拟中,这一部分对需求量的影响度依然相对较高。但现实中,随着厂商对智能手机保护意识的增强,手机丢失后的追回措施逐渐成熟,由于手机丢失而引致的需求增长开始下降。在经历初期产业高速发展后,手机质量现已成为生产厂商普遍关注的问题,各种防护措施频频出现,这在长期内也将极大地降低意外损毁的概率。同时,智能手机的同质化现象逐渐凸显,在以后的发展中,消费者对因差异化创新而引发的追风热潮将会逐渐冷淡,最典型的现象是目前消费者对苹果新机的推出逐渐趋于平静。就长期而言,因跟潮流而引起的换机现象将会减少。因此,我们有理由认为,在长期中,非性能引致需求将会明显降低。

综上可以发现,短期仿真模拟中,对各种影响因素相对乐观的发展估计在长期内会因各种"瓶颈"的出现不再成立。其中，R_1（芯片性能提升引致需求量）、R_2（分辨率提升引致需求量）、R_4（像素提升引致需求量）是因技术原因可能不可持续创新的影响因素；R_3（网络覆盖率提升引致需求量）、R_5（新增用户引致需求量）为因容量上限，不可持续扩张的影响因素；R_6（非性能因素换机引致需求量）为因社会发展、技术进步，影响逐渐减小的影响因素。

（二）参数的调整

1. 芯片性能影响参数

智能手机总需求量同芯片性能增长量之间的定性因果关系图（见图1）并没有发生根本性变化。智能手机需求量下降虽然将直接导致芯片行业创新动力下降，但是，由于芯片不仅是智能手机的必要组成部分，智能手表、智能眼镜等产业都对芯片性能有较大程度的依赖。因此，笔者认为，芯片产业在未来数年，并不存在创新动力的不足，影响创新速度的依然是技术阻碍。在长期内，暂不考虑可能存在的技术"瓶颈"，因此，对芯片性能的预测依旧遵循半导体产业目前普遍适用的摩尔定律，即芯片性能每三年提升一倍。

在"两年内芯片性能增长量→芯片性能引致换机比率"的因果关系链中，不考虑社会、经济因素带来的变化，设定影响因子 K_1 一直为2018年的0.016，并以表函数（见表14）的形式代入系统动力学模型中计算。

表14　　　　　　　　　　　系数 K_1 的表函数

年份	2013	2014	2015	2016	2017	2018	2019	2020	2021	2022
K_1	0.018	0.018	0.018	0.017	0.017	0.016	0.016	0.016	0.016	0.016

并且在芯片性能引致换机比率的计算中，依旧服从以下数学规律：

$$\frac{x_1 - 1491}{330} \times K_1 = y_1 - 6.36\%$$

其中，x_1 表示芯片性能增长量，y_1 表示芯片性能提升引致的换机比率。

2. 智能手机屏幕影响参数

图2中"智能手机总需求量→分辨率创新动力→两年内分辨率增长量→分辨率提升引致换机比率→引致需求量 R_2→智能手机总需求量"这样的总反馈环没有发生变化。在"智能手机总需求量→两年内分辨率增长量"环节中，短期内，当创新动力足够时，屏幕分辨率会以每年100ppi左右的速率持续增长。在长期内，不考虑分辨率提升技术阻碍的前提下，当总需求量开始减少时，分辨率创新动力也将开始下降，由此引发的分辨率增长速度将会逐

渐放缓。屏幕分辨率提升量估值见表15。

表15　　　　　　　　　　　屏幕分辨率提升量

年份	2013	2014	2015	2016	2017	2018	2019	2020	2021	2022
分辨率提升（ppi）	96	111	100	100	100	100	95	90	85	80

资料来源：据 Trendforce 2012—2015 年相关报告、网络资料计算。

在"两年内分辨率增长量→分辨率提升引致换机比率"关系链中，依旧假定影响因子 K_2 不发生变化，而随着分辨率增长量的下降，分辨率提升引致换机比率将会呈现缓慢下降的趋势，其估值见表16。

表16　　　　　　　　　分辨率提升引致换机比率

年份	2013	2014	2015	2016	2017	2018	2019	2020	2021	2022
分辨率提升引致换机比率（%）	3.21	2.69	2.69	2.68	2.67	2.65	2.63	2.60	2.57	2.53

资料来源：据网络数据整理、问卷调查计算。

3. 全球 3G/4G 网络影响参数

3G/4G 网络覆盖率的变化主要受政府政策和电信运营商战略布局的影响，因此，在长期仿真模拟预测中，我们也将其视为外生变量。而在增长量的构成中，以 GSMA 给出的相关数据为准（2021 年数据同 2022 年数据为根据趋势拟定）。3G/4G 网络覆盖率参数见表17。

表17　　　　　　　　3G/4G 网络覆盖率　　　　　　　单位:%

年份	2012	2013	2014	2015	2016	2017
3G 网络覆盖率	58	66	73	78	81	84
4G 网络覆盖率	11	19	26	35	44	50
3G 覆盖率增长量	36	16	15	12	9	6
4G 覆盖率增长量	9	14	15%	16	18	15
年份	2018	2019	2020	2021	2022	
3G 网络覆盖率	86	86	86	86	86	
4G 网络覆盖率	56	60	63	65	66	
3G 覆盖率增长量	5	2	0	0	0	
4G 覆盖率增长量	12	10	7	5	3	

资料来源：据 GSMA 官方网站数据、问卷调查计算。

在短期内（2018年以前），4G网络覆盖率每两年以10%以上的速度增长，对智能手机产业发展能够起到积极的拉动作用。但是，随着网络覆盖率逐渐趋于饱和，3G网络覆盖率从2018年开始不再上涨，而4G网络覆盖率的增长也将逐渐放缓。因此，从长期来看，网络覆盖率的提升对智能手机需求的拉动作用将会降低，并逐渐可以不计。根据表12中的数据，结合问卷调查，我们估算出网络覆盖率引致需求量，见表18。

表18　　　　　　　　　网络覆盖率引致需求量估算表

年份	2013	2014	2015	2016	2017	2018	2019	2020	2021	2022
网络覆盖率增量引致需求量（亿部）	6.54	7.3	6.94	6.24	5.66	5.4	4.2	2.1	1.1	0.5

资料来源：据GSMA官方网站数据、问卷调查计算。

4. 摄像头影响参数

在该模块中不考虑创新的技术阻碍因素。但是，随着创新动力的下降，在像素创新技术不存在"瓶颈"的前提下，每两年像素增长量将会呈下降趋势。由于创新动力的确定难以衡量，因此，我们通过定性的方式依据现实情形大致估计。反映到数值上，就是"两年像素增长量"的下降，并列出表函数（见表19）。

表19　　　　　　　　　　长期像素增长表函数

年份	2014	2015	2016	2017	2018	2019	2020	2021	2022
像素增长量（万像素）	420	340	300	250	200	150	100	100	100

资料来源：据网络数据整理、问卷调查计算。

在"两年像素增长量→像素性能提升引致换机比率"中，我们同样假定影响因子以短期仿真模拟2018年结果为准，定为0.0027，不考虑此处递减效应的存在。在此基础上，用同样的数学公式计算引致换机比率的构成。

$$\frac{x-300}{40} \times K_4 = y - 3.02\%$$

其中，x表示像素增长量，y表示引致换机率。

5. 新增用户影响因素

本文中，我们将新用户数对智能手机需求的影响视为外生变量。在短期内，由于用户数本身相对较低，新增用户数有较大的增长空间。特别是随着智能手机附带功能的提升，近年来，每年都有较多的消费者开始使用智能手机。但是，就长期而言，到2020年左右，智能手机市场已经逐渐趋于饱和，新用户增长量快速减少。基于以上现实，我们列出表函数（见表20），并依旧将其作为外生变量进行处理。

表20 新增用户引致需求量

年份	2013	2014	2015	2016	2017	2018	2019	2020	2021	2022
新增用户引致需求量（亿部）	6.54	7.3	6.94	6.24	5.66	5.4	5	4.5	3.8	3

资料来源：据 GSMA 官方网站数据、问卷调查计算。

6. 非性能影响因素

非性能引致智能手机需求板块有手机丢失、意外损毁、潮流等多个因素构成。在长期中，随着技术、社会、经济等多方面的发展，该板块引致的需求量将会降低。表21为非性能因素引致需求量估算表。

表21 非性能因素引致需求量估算

年份	2013	2014	2015	2016	2017	2018	2019	2020	2021	2022
非性能因素引致需求量（亿部）	1.09	2.00	3.05	3.5	4.00	4.5	3.6	3.0	3.2	3.3

资料来源：据问卷调查计算。

（三）长期仿真模拟结果

将调整后的参数输入 Vensim 软件构建的模型中，对 2016—2022 年智能手机需求量进行长期仿真模拟，模拟结果见图9。

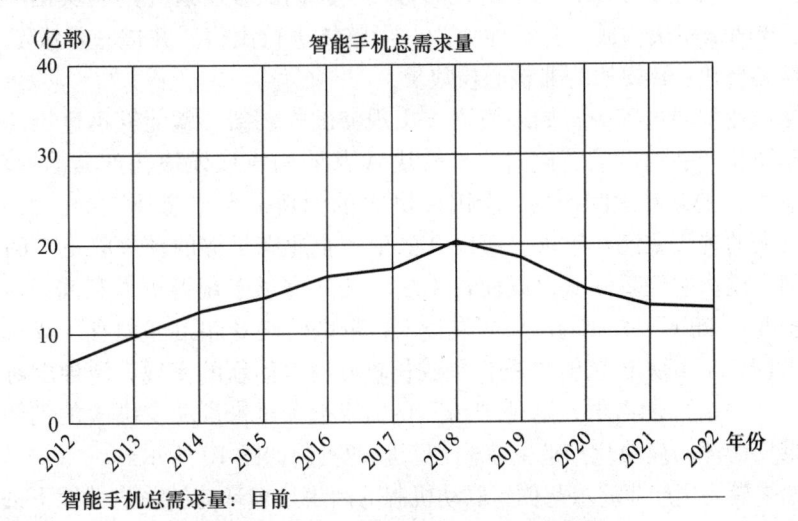

图9 智能手机需求量长期仿真模拟结果

从图 9 中可以看出，智能手机，需求量在 2018 年之前仍然以比较高的速度增长，也就是说，智能手机产业在 2018 年之前在巨大的市场需求拉动下继续高速增长。在此期间，智能手机厂商面对快速扩张的市场，能够获得足够多的资本用于创新投入。同时，创新又反过来拉动着智能手机产业扩张的速度。在这样的正向反馈下，从 2007 年算起，智能手机产业的高速发展超过十年。

智能手机需求量增长并不会一直沿着以往的轨迹持续上升。受核心模块技术创新"瓶颈"等因素的限制，智能手机的需求量到 2018 年左右会达到巅峰。随后的三年左右时间，会快速下滑。同样，在正向反馈环的作用下，产业发展将会在较短的时间内出现衰退。此过程将会挤破之前十年间产业中出现的泡沫，即智能手机产业链中出现的没有创新能力的企业将会在市场需求增长预期破灭的情况下被挤出市场。

经过几年调整之后，智能手机产业可能会维持在一个相对稳定的市场需求量，而由此带来的创新投入也将相对更将理性，对应的智能手机创新速度也将下降。

六 模块化产业需求与创新联动的成长路径

（一）模块化产业需求与创新联动效应

模块化作为生产高度分工的产物，在市场经济环境下，是推动创新、加速产业发展的重要途径。通常情况下，模块化产业内各个模块的创新是相对独立的，但由于产品在终端产品市场上只能作为一个整体进行出售。

在这个前提条件下，为了研究的方便，我们假设所研究的模块化产品仅由 A、B 两个模块构成，并只能作为一个整体进行出售。并进一步假定 A 模块为核心模块，B 模块为非核心模块。

在产业发展过程中，如果模块 A 出现突破式创新，就能够迅速拉动市场对该模块化产品的需求。此时，与模块 A 共同构成该模块化产品的模块 B，作为模块 A 的互补中间产品，会因模块 A 的创新带来"意外"的巨大需求。面对巨大的现实或潜在需求，模块 B 的生产企业有足够的动力将更多的资源投入到本模块的创新领域，以便在不断增长的市场中获得更大利润。模块 B 生产企业"额外"增加的巨大研发投入，带来模块 B 超出"原有"成长轨迹的技术创新。模块 B 超出"原有"成长轨迹技术创新的实现，诱导出对该模块化产品"新"的需求，这种"新"的需求会反过来推动模块 A 的创新，形成因果反馈环。模块化产业需求与创新联动机制如图 10 所示。

如果模块化产业需求与创新联动机制的因果反馈环能够一直持续下去，整个产业则保持高速发展。在整个产业高速发展的过程中，如果模块 A 的技术创新遇到"瓶颈",此前存在的该模块技术创新对需求的拉动作用就会消失。

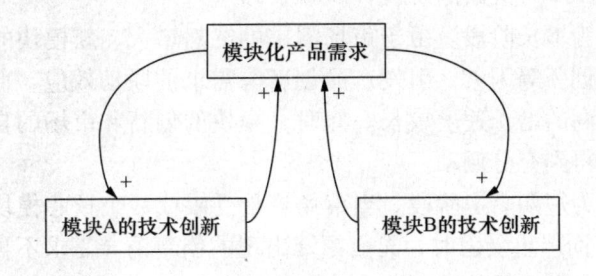

图 10　模块化产业需求与创新联动机制

在模块 A 的技术创新遇到"瓶颈"时,该模块化产品的创新只能依赖模块 B 的技术创新。此时,模块 B 厂商由于对模块化产品的市场需求不再抱有乐观态度,为了减少风险,将会降低创新投入。这样,随着模块 B 的技术创新因投入减少而速度放缓。因先前频繁出现的创新诱导需求不再发生,该模块化产品的市场需求量将会快速下降。之后,该模块化产业维持在一个相对稳定但创新幅度和增长速度远小于产业巅峰期的状态。

(二) 模块化产业成长路径与发展趋势

智能手机产业属于典型的模块化产业。根据前面智能手机需求长期仿真模拟结果 (图9),结合上文对模块化产业需求与创新联动效应的分析,模块化产业在需求与创新联动效应的作用下,其成长路径大致分为四个阶段 (见图 11)。

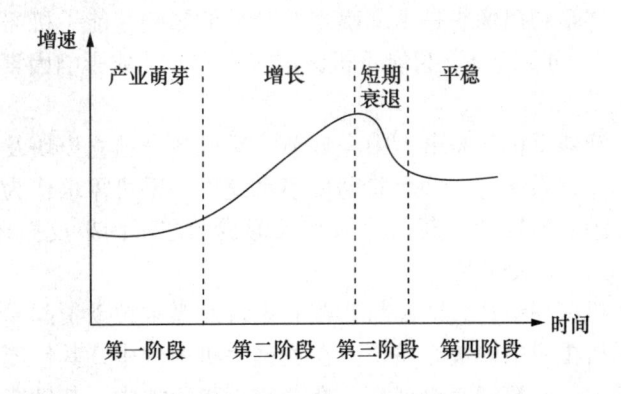

图 11　模块化产业成长路径

第一阶段为产业萌芽阶段。此阶段中,产业的市场容量、创新速度维持在一个相对较低但却比较平稳的阶段。该阶段缺乏需求与创新联动效应。虽然图9中智能手机需求长期仿真模拟结果未显示该阶段，但该阶段是产业或技术生命周期中不可或缺的阶段（Ernst，1997）。

第二阶段为增长阶段。由于市场需求的突然增大、新模块的引入或核心模块的突破式创新等因素，引发产品创新与需求的联动效应，促使产业在一段时间内以较高的增长速度成长。此时，模块的创新和市场的自主扩张促使产业创新动力得到充分调动。

第三阶段为短期衰退阶段。当市场容量受限或数个核心模块创新因遇到技术"瓶颈"而严重受阻时，先前频繁出现的创新诱导需求不再发生，该模块化产品的市场需求量快速下降，短期内产业发生衰退。此时，整个产业进入调整期，大量厂商被迫退出，并购现象可能频繁出现，并造就一批巨型厂商，产业市场集中度显著提升。

第四阶段为平稳阶段。市场经过洗牌后，最后形成几个创新能力较强、创新效率较高的寡头厂商。此后，在相当长一段时期内，产业发展将处于相对平稳的状态，直到该产业受到替代品竞争等因素进入长期衰退阶段并最终消亡。

七　结论及启示

本文将芯片性能、智能手机屏幕分辨率、全球3G/4G网络覆盖率、摄像头像素、智能手机新增用户数、非性能影响因素作为影响智能手机需求的主要因素，通过这些因素对智能手机需求量影响的短期与长期仿真模拟分析，得出如下结论：

第一，手机模块功能提升与模块系统外因素共同影响智能手机需求。芯片、智能手机屏幕和摄像头是本文确定并分析的影响智能手机需求的关键手机模块。全球3G/4G网络、智能手机新增用户和非性能影响因素则是模块系统外因素。

第二，以智能手机的需求为中介环节，手机各个独立模块及模块系统外因素构成联动反馈系统。在这个联动反馈系统中，手机需求作为系统的唯一节点，将各个独立模块的创新与手机需求形成的若干因果反馈环连到一起，形成各模块创新的联动效应。

第三，手机模块中核心模块与非核心模块对需求拉动贡献差异很大。手机芯片作为手机模块中的核心模块，在关键手机模块中，其性能提升对需求的拉动作用最大；而智能手机屏幕，在关键手机模块中，其性能提升对需求的拉动作用最小。

第四，智能手机的需求量在2018年之前仍然以比较高的速度增长。在此期间内，模块系统外因素不构成智能手机需求的"瓶颈"因素，手机模块功能提升方面的技术创新也未面临重大"瓶颈"，在需求与创新双向影响的正向反馈作用下，智能手机产业在巨大的市场需求拉动下继续高速增长。

第五，智能手机的需求量增长不会一直沿着以往的轨迹持续上升。受核心模块技术创新"瓶颈"等因素的限制，智能手机的需求量到 2018 年左右会到达巅峰。随后会快速下滑，在正向反馈环的作用下，产业发展将会在较短的时间内出现衰退。经过几年调整之后，智能手机产业可能会维持在一个相对稳定的市场需求量，而由此带来的创新投入也将相对更加理性，对应的智能手机创新速度也将下降。

本文的研究对中国制造业特别是智能手机产业有如下启示：

首先，产业频繁的技术创新能力不断为制造业带来新的需求，从而延缓甚至避免出现产能过剩问题。中国制造业的出路在于从低价低成本竞争，转向通过创新、"时装化"进行差异化竞争。

其次，模块化产业由于模块系统内部在技术创新方面具有自催化和联动效应，更加容易产生频繁的边际创新。因此，产品架构的模块化，更有利于分散式创新，并为行业中后进入企业提供机会。

最后，尽管模块化产业的技术创新更有效率、边际创新更为频繁，但是，同样受到技术创新"瓶颈"的约束。智能手机产业在不久的将来会遇到发展"瓶颈"，需求引致联动技术创新正向反馈作用下形成的高增长预期也将破灭，这种预期下出现的产业泡沫也将破碎，产业中只有真正具有创新能力与创新效率的企业才能继续生存。

参考文献

[1] Breschi, S. and Malerba, F., Sectoral Innovation Systems: Technological Regimes, Schumpeterian Dynamics, and Spatial Boundaries [A]. Edquist, C. (eds.), Systems of Innovation: Technologies, Institutions and Organizations [C]. London: Pinter, 1997: 130 – 156.

[2] Bresnahan, T. F., Trajtenberg, M., General purpose technologies "engines of growth"? [J]. *Journal of Econometrics*, 1995, 65 (1): 83 – 108.

[3] Brouwera, E., Kleinknechtb, A., Innovative Output, and a Firm's Propensity to Patent: An Exploration of CIS Micro Data [J]. *Research Policy*, 1999, 28 (6): 615 – 624.

[4] Crépon, B., Duguet, E. and Mairesse, J., Research, Innovation And Productivity: An Econometric Analysis At The Firm Level [J]. *Economics of Innovation and New Technology*, 1998, 7 (2): 115 – 158.

[5] Crotty, J. R., Why There Is Chronic Excess Capacity [J]. Challenge, 45 (6): 21 – 44.

[6] Dosi, G., Sources, Procedures and Microeconomics Effects of Innovation [J]. *Journal of Economic Literature*, 1988, 26 (3): 1120 – 1171.

[7] Ernst, H., The Use of Patent Data for Technological Forecasting: The Diffusion of CNC – Technology in the Machine Tool Industry [J]. *Small Business Economics*, 1997, 9 (4):

361 – 381.

[8] Forrester, J. W., Industrial Dynamics [M]. Cambridge Mass: MIT Press, 1961.

[9] Fujimoto, T., Architecture – based Comparative Advantage—A Design Information View of Manufacturing [J]. *Evolutionary and Institutional Economics Review*, 2007, 4 (1): 55 – 112.

[10] Fujimoto, T., Architecture – based Comparative Advantage in Japan and Asia [A]. Mitsuishi, M., Ueda, K. and Kimura, F. (eds.), *Manufacturing Systems and Technologies for the New Frontier* [C]. London: Springer, 2008: 7 – 10.

[11] Furman, J. L., Porter, M. E. and Stern, S., The Determinants of National Innovative Capacity [J]. *Research Policy*, 2002, 31 (6): 899 – 933.

[12] Kleinknecht, A. and Verspagen, B., Demand and Innovation: Schmookler Re – examined [J]. *Research Policy*, 1990 (19): 387 – 394.

[13] Klevorick, A. K., Levin, R. C., Nelson, R. R. and Winter, S. G., On the Sources and Significance of Interindustry Differences in Technological Opportunities [J]. *Research Policy*, 1995, 24 (2): 185 – 205.

[14] Lipsey, R. G., Carlaw, K., Bekar, C., *Economic Transformations: General Purpose Technologies and Long Term Economic Growth* [M]. New York: Oxford University Press, 2005.

[15] McMeekin, A., Green, K, Tomlinson, M. and Walsh, V., *Innovation by Demand: An Interdisciplinary Approach to the Study of Demand and Its Role in Innovation* [M]. Manchester and New York: Manchester University Press, 2002.

[16] Mowery, D., Rosenberg, N., The Influence of Market Demand upon Innovation: A Critical Review of Some Recent Empirical Studies [J]. *Research Policy*, 1979, 8 (2): 102 – 153.

[17] Piva, Mariacristina, Vivarelli, Marco, Is Demand – pulled Innovation Equally Important in Different Groups of Firms? [J]. *Cambridge Journal of Economics*, 2007, 31 (5): 691 – 710.

[18] Romer, Paul M., Endogenous Technological Change [J]. *Journal of Political Economy*, 1990, 98 (5): 71 – 102.

[19] Rosenberg, N., Science, Innovation and Economic Growth [J]. *Economic Journal*, 1974, 84 (333): 90 – 108.

[20] Sanchez, R. and Mahoney, J. T., Modularity, Flexibility and Knowledge Management in Product and Organization Design [J]. *Strategic Management Journal*, 1996, 17: 63 – 76.

[21] Scherer, F. M., Demand – pull and Technological Invention: Schmookler Revisited [J]. *Journal of Industrial Economics*, 1982, 30 (3): 225 – 237.

[22] Schmookler, J., *Invention and economic Growth* [M]. Cambridge Mass: Harvard University Press, 1966.

[23] 赵昌文, 许召元, 袁东, 廖博. 当前我国产能过剩的特征、风险及对策研究——基于实地调研及微观数据的分析, 管理世界, 2015 (4).

[24] 胡实秋, 宋化民, 成金华. 高技术产业发展的系统动力学研究, 科技进步与对策, 2001 (12).

[25] 李晓华. 模块化、模块再整合与产业格局的重构——以"山寨"手机的崛起为例, 中国工业经济, 2010 (7).

[26] 林其玲. 家电业产能过剩盛极而衰, 中国中小企业, 2012 (2).

[27] 刘航, 李平, 杨丹辉. 出口波动与制造业产能过剩——对产能过剩外需侧成因的检验, 财贸经济, 2016 (5).

[28] 刘辉锋. 长周期变动中的技术革命与产业演进——基于历史与统计的分析, 中国科技论坛, 2009 (4).

[29] 刘继云, 史忠良. 模块化背景下产业创新路径研究, 经济经纬, 2008 (5).

[30] [日] 青木昌彦、安藤晴彦. 模块时代——新产业结构的本质, 周国荣译, 上海远东出版社 2003.

[31] 赛迪顾问移动互联网研究中心. 智能手机: 年增长率高达104.9%, 中国计算机报, 2013年3月4日.

[32] 唐玥. 智能手机全球发货量创新高, 国产商耀眼成绩难掩微利尴尬, 通信信息报, 2016年2月3日.

[33] 谢伟. 模块化和中国手机制造业的兴起, 科技管理研究, 2004 (4).

[34] [美] 熊彼特. 经济发展理论: 对于利润、资本、信贷、利息和经济周期的考察, 何畏、易家详译, 商务印书馆, 1990.

[35] 许光清, 邹骥. 系统动力学方法: 原理、特点与最新进展, 哈尔滨工业大学学报》(社会科学版) 2006 (4).

[36] 姚德文. 基于模块化视角的产业升级效应研究, 产业组织评论, 2012 (1).

[37] 原毅军, 田宇, 孙佳. 产学研技术联盟稳定性的系统动力学建模与仿真, 科学学与科学技术管理, 2013 (4).

[38] [美] 约翰·霍根. 科学的终结, 孙雍君译, 远方出版社, 1997.

[39] 张春香, 刘志学. 基于系统动力学的河南省文化旅游产业分析, 管理世界, 2007 (5).

[40] 赵志耘. 以科技创新引领供给侧结构性改革, 中国软科学, 2016 (9).

[41] 朱丽萍, 夏飞龙. 技术创新视角下中国工业模块化升级机理研究, 东岳论丛, 2017 (6).

The Growth of Modular Industry Driven by Technical Innovation Linking with Derived Demand: An Case of Smart Phone Industry

Yong QIAN, Xiao-hua GUO, Zhi-lai CAO

(Center for Industry and Business Organization Research,
DUFE, Dalian 116025, China
Institute of Economic and Social Development Studies,
DUFE, Dalian 116025, China)

Abstract: Large excess capacity has plagued almost all globally contested industries for a long time. Manufacturing industries in China are also in such difficult position. Even in such circumstances, the smart phone industry has undergone a sustained and high growth for more than ten years. The beneath reason and mechanism is worth to explored. Based on the bidirectional causality between industrial technological innovation and demand for its products, this paper analyzes the key modules effecting the demand of smart phone and the feedback mechanism of the interaction between technological innovation of each modules and growth of demand, then builds a system dynamics simulation model of smart phone industry, using which simulates the short run and long run development path of smart phone industry. Based on the simulated results, we analyzes and sums up the growth path of smart phone industry in which demand links with technological innovation. The simulated results show that the demand for smart phone will still increase in relatively high speed before 2018. And our research suggest that the smart phone industry will meet development bottleneck after 2018 and the bubble in the industry which is trigged by expectation for high speed growth will break with it.

Key words: Modularity; Technological Innovation; Smart Phone Industry; Demand; System Dynamics

JEL Classification: L63, O14

平台经济的竞争与治理问题：挑战与思考

陈永伟

（北京大学市场与网络经济研究中心，北京 100871）

摘 要 本文对关于平台的经济学文献做了梳理，并将目前经济学文献中关于平台的讨论大体上分为两个主要论题：竞争问题和治理问题。竞争问题是把平台作为一个竞争的主体，来考虑其在市场中的行为以及由此带来的社会福利效应。治理问题重视的则是平台同其利益相关者之间的互动，以及由此造成的平台绩效和利益分配问题。在理论渊源上，竞争问题主要源于产业组织理论，而治理问题则主要源于企业理论。

关键词 平台经济；竞争；治理；产业组织；企业理论

马克思在《哲学的贫困》一文中曾指出："手推磨产生的是封建主为首的社会，蒸汽磨产生的是以工业资本家为首的社会。"① 遵循马克思的逻辑，可以给出如下判断："互联网产生的是以平台企业家为首的社会。"互联网的兴起，打破了原有的层级制组织结构，让社会变得更加"去中心化"了。与此同时，人与人之间的联系和交互变得空前的紧密，即使身处地球两端，人们也可以进行交流、合作。从这个意义上讲，社会正在以新的形式重新"中心化"，而让"去中心化"的社会实现重新"中心化"的纽结就是平台。从传统的视角来看，平台是一件很奇怪的事物——自科斯以来，人们往往持有一种市场与企业二分的观点，认为两者是对立的（Coase，1937）。而平台却偏偏同时兼具了这两者的属性：从作用来看，它扮演的是市场的角色，主要用来沟通和实现人们的交互；从表现形式来看，它往往以一个企业的形式呈现。

平台的兴起，可能是21世纪以来最重要的商业事件。它以空前的力量把

[作者简介] 陈永伟，北京大学市场与网络经济研究中心研究员，《比较》经济研究中心研究部主任。

本文根据作者2017年8月30日在腾讯研究院"互联网平台的模式与启示"研讨会上的演讲《平台经济：挑战与应对》扩写修改而成。

① 《马克思恩格斯选集》第一卷，人民出版社1995年版，第142页。

人和人连接在了一起，给人们带来了无限的便利。通过平台，远隔千里的人们可以相互沟通、相互交易及一起进行分工、合作。与此同时，平台也以前所未有的速度积累着财富。对于传统企业来讲，完成从创建到市值百亿元、千亿元恐怕需要几十、上百年的时间，而对于平台企业，这一过程可能只需要短短几年。目前，那些最为成功的企业，大多都带有平台属性（Evans and Gawer，2015）。平台实践的蓬勃发展，呼唤着相关理论研究的进行。近十几年来，平台已成为经济学、管理学、法学、社会学和政治学等多个领域共同关注的话题，大批来自不同领域的学者都从各自角度对其发表了观点。但到目前为止，我们对平台的认识还远远赶不上实践的发展，在很多问题上，分歧也远远多于共识。

一 当讨论平台时，我们在说什么？

（一）平台一定是双边的吗？

在讨论平台的相关问题之前，有必要对平台的概念做一些简要的讨论。平台是什么？从最一般意义上讲，它可以被定义为用户（如买方和卖方）之间交换商品、服务和信息等的交易场所（Martens，2016）。它可能是有具体的物理场所，如农贸市场；也可能是虚拟的，如电商平台。

长期以来，很多人都把"平台""双边市场"（或"多边市场"）这两个词混用，认为它们是同义词。但这样的混用有时会和我们的直觉相悖，从而对一些分析造成干扰。例如，在研究共享单车时，我们通常认为它是一个平台，并且很多分析平台问题的思路也适用。但是，如果按照严格的定义，它其实并不具有双边性。[①] 从这个意义上讲，如果把是否具有双边性作为平台的一个关键指标，将会把很多通常认为的平台排除在外。在我个人看来，不妨把平台的定义界定得更为宽泛一些，而仅把双边市场平台（或双边平台）作为其中的一种。相应地，也有一些单边平台。[②] 当然，在现存文献中，讨论双边平台是最多的，因此，在后文中，除非专门指出，提及的平台都指双边平台。

（二）什么是"双边市场"？

"双边市场"也是一个定义模糊的词汇。这个词出现的时间很早，不少早期文献都使用过（Böhm‐Bawerk，1923；Gale and Shapley，1962）。在这些文献中，"双边市场"主要用来揭示市场的交易形式，即买卖双方成对匹

[①] 它更类似于 Hagiu 和 Wright（2015）所说的转销商模式，这一模式我们将在后面说明。
[②] 关于单边平台的讨论可以参见魏炜、林桂平和朱武祥（2016）。

配交易。这一意义和现代的理解出入较大，但非常有启发性，后面我们将对此进行具体讨论。

现代意义上对"双边市场"的讨论起源于对"跨群网络（正）外部性"的关注。所谓跨群网络外部性，简言之就是平台一侧的用户增加，会导致另一侧的用户也相应增加。一些学者认为，存在双侧跨群网络外部性的市场就是双边市场（Caillaud and Jullien，2003；Rochet and Tirole，2003；Amstrong，2006）。[1]

从某种意义上讲，这一定义过于严格了，在很多市场上，只有一侧对其对侧有正的外部性，另一侧则对其对侧没有正的外部性，甚至有负的外部性。[2] 按照上述定义，这样的市场显然不能算是双边市场。针对这一情况，后来的一些文献中放宽了对定义的限制，认为只要至少一侧具有跨群网络外部性就可以算作双边市场（Armstrong，2006；Evans，2003；Evans and Schmalensee，2007；Filistrucchi et al.，2013）。当然，如果从跨群网络外部性来定义双边市场，就涉及对这一外部性强弱的测度。因此，它本身就是一个实证问题（Filistrucchi et al.，2013）。

另一些学者认为，用跨群网络外部性定义双边市场会缺少包容性，会将现实中很多跨群网络外部性较弱的市场将排除在双边市场之外。他们建议，从价格结构的角度入手来定义双边市场（Rochet and Tirole，2006）。根据这种思路，如果将交易价格在市场两侧之间进行安排，就能对交易后果产生影响，市场就应该被定义为双边的。

通过以上扩展，"双边市场"的概念已经可以涵盖很多现象。但问题在于，这样的定义可能过于宽泛。例如，根据如上定义，很多公司，甚至小卖店都可以被归为平台。这就难免使"双边市场"的概念失去了原有的针对性。考虑到这一点，Hagiu 和 Wright 建议，收窄多边市场的定义。他们附加了两个条件：（1）市场的各边之间直接交易；（2）市场各侧"附属"于平台，并有将它们绑定在平台上的资产专用性投资，使它们离开平台的成本较高（进入退出的成本并非为零）（Hagiu and Wright，2015）。

当然，究竟应该怎样理解"双边市场"，还要在不同的语境中根据不同的问题去考虑。

（三）平台的分类

根据不同的标准，可以对平台进行不同的分类。

---

[1] 当然，Rochet 和 Tirole（2003）增加了两个限制：（a）市场的双侧无法相互协调，成为统一的利益体，（b）平台在一侧的收费无法传导到另一侧。

[2] 一个例子是电视台。更多的观众对于广告商有正的外部性，而更多的广告则对观众有负的外部性。参见 Filistrucchi 等（2013）。

Evans（2003，2007）将双边市场分为市场创造者、受众创造者和需求协调者三种。市场创造者将对交易感兴趣的两个不同群体汇聚起来，提高了匹配的可能性，并降低了搜索成本，其代表为电商平台、超市等。受众创造者主要是媒体产业，包括电视、报纸、网站等，它们会吸引尽可能多的观众和读者，这样，企业才愿意到上面去做广告。需求协调者包括软件平台、操作系统和支付体系等，它们既不进行交易，也不买卖信息，但协调了用户的需求以避免重复成本。

Filistrucchi 等（2013，2014）将平台划分为了交易型和非交易型。其中，交易型平台需要平台参与者产生交易，才能产生跨群网络外部性，或者说"使用外部性"。交易型平台的一个例子是菜市场：菜农与市场签订了租赁合同并不会产生外部性，只有真正在市场交易。才能产生外部性；而在非交易型平台中，用户只要加入了平台，就会产生"跨群网络外部性"，或者"会员外部性"。非交易型平台的一个例子是在线交友平台。只要用户注册了平台，就会产生外部性，而未必要求其一定要使用平台。

二　平台的竞争问题

（一）现代垄断者

学者对于平台（这里我们指的是双边平台）的关注，最早开始于其对竞争的影响。和一般企业不同，平台企业更容易做大规模，形成垄断，同时也更有激励来滥用这一力量。

为什么平台企业更容易做大规模、形成垄断呢？其原因在于其跨群网络外部性。由于跨群网络外部性的存在，平台就具有"鸡生蛋、蛋生鸡"的属性：只要能够设法对一侧的用户数量进行提升，另一侧用户的数量马上也会提升。反过来，它又会提升原来那侧的用户数量……如此反复，导致平台企业能以极快的速度成长。同时，平台企业往往也具有群内网络外部性，因此，当一个平台的规模成长起来后，其规模就为它提供了进入壁垒，新的企业将很难再有机会进入。这就会造成"赢者通吃"问题（Caillaud and Jullien，2003；Evans，2003）。

同时，在获得了市场支配力后，平台也更有激励和能力对这一力量进行滥用——至少从理论上说应是如此。相对于一般企业，平台企业更容易采取掠夺性定价、搭售、价格歧视等手段来攫取消费者剩余。

1. 掠夺性定价

因为"鸡生蛋、蛋生鸡"的性质，掠夺性定价，对于平台企业而言，就是一个十分吸引力的策略，它可以帮助平台迅速成长（Armstrong，2006；Rochet and Tirole，2003，2006；Parker and Van Alstyne，2006）。而另一些研究则证明，对于一个在位的垄断者来说，即使它在成本和质量上都有劣势，依然可以通过掠夺性定价来排挤新进入者（Lee，2009）。因此，相对于传统企业，平台企业具有更高的市场壁垒，更容易把新竞争者拒之门外，从而保证其垄断地位。

2. 搭售

在双边市场情形下，搭售可以被用作一种隐性补贴，提高用户数量和平台利润。因此，平台有积极性对其进行使用（Amelio and Jullien，2012）。例如，Google 等搜索引擎在提供搜索的同时，提供很多其他服务。

3. 偏向性引导

由于用户的交易需要经过平台，因此，平台就具有帮助用户挑选交易对象的可能（Rieder and Sire，2013；Grimmelmann，2014）。例如，电商平台的推荐功能，以及网约车的挑选客户，都是偏向性引导的例子。

4. 价格歧视

相对传统企业，平台可以更好地通过操控价格来影响需求量的变化，因此，在现实中它们更有激励推行价格歧视，这已经得到了一些实证研究的印证（Angelucci et al.，2013）。此外，平台可以积累大量的用户数据，更加了解用户的偏好，因此，其推行价格歧视行为的能力也更高。① 当然，有时价格歧视行为会以比较隐秘的方式进行，例如，通过"渠道优惠券"。

对于垄断者平台还有更多的指控，在此不一一枚举。在一部颇有影响的新书中，平台甚至被冠以了"现代垄断者"（Moazed and Johnson，2016）的称呼，并惊呼"平台正在吃掉这个世界"（platforms are eating the world），人们对平台垄断的恐惧可见一斑。

（二）对"垄断者"的无知

平台成为垄断者的可能是令人忧虑的。但更为可怕的是，我们对这样的潜在垄断者还所知甚少。

1. 我们很难界定平台企业的相关市场

在对传统企业的反垄断调查中，我们已经有一套相对成熟的相关市场界定方法，其代表是 SSNIP 法，以及在此基础上发展起来的临界损失法、临界弹性法、剩余需求法等。这些分析严重依赖于对价格的观察，因此，对于双边平台就显得颇为乏力。在很多时候，我们经常遭遇到"免费"的情形，此时界定相关市场将会非常困难。虽然一些文献提出过一些针对平台的相关市场界定方法（例如，Evans and Noel，2005；Evans，2011），但是，这些方法的实际操作依然十分困难。

---

① Useem（2017）的报道提供了很有意思的例子。

2. 对于所谓的垄断行为，我们也难以判定

以掠夺性定价为例：对传统的商业模式，我们可以通过比较企业的成本和定价，比较容易判定企业是否进行了掠夺性定价，但对于平台企业来说，这就非常困难。由于"价格结构非中性"的存在，企业完全可能在让整体定价不低于成本的情况下让某一侧的价格低于成本。这样的情况到底是否可以被认定为掠夺性定价，会引起很大的争议。尽管目前也有一些方法的创新，例如，有文献将判断掠夺性定价的 Areeda – Turner 法则推广到了双边市场情形，但仍不能彻底解决操作中遇到的困难（Behringer and Filistrucchi, 2009）。

3. 对于"新型垄断者"到底是天使还是魔鬼，我们也了解得非常有限

在传统市场上，只要没有自然垄断问题，企业之间开展竞争就几乎总是有益的。但是，对于多边平台，这个逻辑并不适用。即使不考虑规模经济，同时存在多个平台削弱了跨群网络外部性，因此，未必会提高效率（Caillaud and Jullien, 2003）。当平台是垄断时，它可以达到网络外部性最大化，因此，它可能是非常有效率的。同时，一些在单边市场中会对消费者福利造成损害的垄断行为，在双边市场下却未必会损害消费者。例如，有不少研究表明，双边市场下的价格歧视行为未必会对消费者有害，在某些条件下甚至可以增进消费者福利（Weyl, 2010；Weisman and Kulich, 2010）。

（三）限制垄断者的力量

幸运的是，在我们对平台垄断的可能威胁绞尽脑汁时，有三股力量可以抑制平台垄断的形成。这三股力量分别是市场容量、用户的异质性和多归属。

1. *市场容量*

我们知道，其实农贸市场也具有多边平台的属性，但是，我们从来不用担心它会垄断，这是因为，它的物理容量是有限的。对于在线平台而言，当然没有这种物理容量限制，但是，它们也在其他一些地方受到限制。例如，网页的面积是有限的，它可以使广告的空间受到限制，这就给平台造成了约束。

2. *用户的异质性*

当用户的异质性很强时，即使通过平台，他们的搜索成本也很高。此时，跨群网络外部性就会减弱。多边平台获取垄断地位的优势也会减弱。

3. *多归属*

在现实中，人们往往不会只使用一个平台，而通常会"脚踩两只（甚至多只）船"，在多个平台上进行交易。这样，平台即使能获得很多用户，他们对用户的控制力也不会很强，因为用户随时可以跳转到另一个平台，而不用支付过多的跳转成本。此时，平台很难获得真正的市场力量。

那么，事实究竟如何呢？Evans（2017）对世界顶级平台的经营状况进行过一项研究。结果发现，在最近几年中，这些平台在行业内的排名变化非常

之大。曾经叱咤风云的 MySpace、Nokia/Symbian 等平台，已经风光不再。而 Google、AdWords 等老牌广告平台也正在受到新生的 Facebook 广告业务的挑战。看来，在现实中，那些"现代垄断者们"也并非高枕无忧。

三 平台的治理问题

（一）规制与治理的边界

所谓平台治理，是以平台作为主体，对以自身为中心的生态治理。这里，平台生态指的是由平台及其参与者构成的生态（Boudreau and Hagiu，2011），而治理是一套规则，它规范着谁参与生态系统、怎样分配价值、怎样解决纠纷（Parker and Alstyne，2014）。

要对某一事物进行管理，无非有两种思路：一种是以政府主导的管制；另一种是以相关主体自发组织、自发参与的治理。这两种管理模式有很多不同：其一，从目标上看，政府管制是以社会总福利最大化为目标的，而平台治理的目标则未必如此。它可能有其他目标（如平台利润最大化）。其二，从管理手段看，平台治理要多于政府管制。政府管制只能以禁令、价格限制等有限的方式实施，而平台治理的工具则更多，除了可以利用价格等常规手段，还可以通过设定规则、声誉机制等方式进行治理。其三，从信息获取看，平台比政府更有优势获得本地知识（Boudreau and Hagiu，2011）。

选择哪些事情归政府管、哪些归平台管，需要权衡两者的成本和收益。政府管制的优势在于其目标（至少从理论上看）更符合公众利益，但其劣势在于其掌握的信息和工具的限制更少。此外，政府作为一个外部监管者，可能被利益相关者"俘获"，从而放弃其中立态度。而平台的劣势在于其目标并不是公众利益最大化，平台本身的利益和公众利益之间就存在冲突。而其优势在于掌握更多的信息和可选择更多的工具。双方成本收益的权衡决定了政府管制和平台治理之间的界限。一般来说，那些具有巨大外部性的事项，应当落入政府管制范围，而外部性比较小的，则应该属于平台治理的范围。

（二）治理手段的局限

尽管平台的治理手段要远远多于政府管制手段，但是其局限也是明显的。一方面，这些手段本身存在一定的局限；另一方面，很多时候，平台企业的治理手段也会进入公共领域，与现行法律法规发生冲突。这些都会限制平台的治理能力。

1. 治理手段的局限性举例——声誉机制的局限

对于企业来讲，声誉或者口碑是至关重要的。由于声誉会影响客户日后和自己的互动，企业会更加在乎自己的行为，从而为自己积累良好的声誉

(Kreps, 1990)。对于平台来讲，声誉机制也具有同样的作用。很多在线平台将传统的"口口相传"的声誉积累机制搬到了线上，建立了用户间互相打分评级的机制。很多学者认为，这些评级降低了信息不对称，是消费者权益保护和安全的可靠的自我监管形式，不应该被任何形式的监管干预所改变（Allen and Berg, 2014; Cohen and Sundararajan, 2015; Koopman et al., 2014, 2015; Sundararajan, 2014; Thierer et al., 2015）。

不过，在实践中，声誉机制其实存在着很大的局限。首先，很多平台的评级机制都面临着评级供给不足，很多用户并没有激励进行评级（Avery et al., 1999; Miller et al., 2005）。例如，一项关于Ebay的研究表明，在Ebay平台上，买卖双方都进行评级的比例不到3%（Dellarocas and Wood, 2007）。关于国内在线平台的评级状况，目前还缺乏相关的研究。但是，根据笔者了解的情况，不少在线平台的在线评价比例也不到50%。显然，评价供给的不足会对声誉的准确性造成很大的负面影响。其次，平台用户之间还可能存在着策略性互动。一些平台为了提高相互评价率设置了一些机制，例如，对参与评价进行奖励、对不参与评价进行惩罚等。这种做法可以提高评价的参与率，但是却会滋生评价的策略性行为（Cabral and Hortacsu, 2010; Saeedi and Sundaresan, 2015）。例如，一些电商会主动联系客户进行好评，并以对其骚扰作为威胁，而在考虑到可能的麻烦后，客户也往往会对电商给予好评。显然，这种策略性行为的存在，也会对声誉机制产生扭曲，影响其有效性。尽管一些学者提出了一些针对性的方法来克服这些策略性行为，例如，Bolton等（2012）就建议，在双方都提交评价后再显示评价结果，但总体来说，目前策略性行为还很难完全被克服。

2. 治理手段和公共域的冲突

平台的一些治理手段，对于调整其与利益相关者之间的关系、平衡它们之间的利益是十分有效的。但这些手段进入公共域，会与现行法律法规产生冲突。

例如，平台可能会限制其内部竞争（如通过征收准入费和发放许可等措施）；它们可能会监管价格，监控用户行为并收集用户反馈，推动用户履行相互签订的合同（如通过仲裁和补偿政策等）。平台有充足的理由强制推行监管——这可以避免在信息方面"搭便车"的行为（只将平台作为陈列室或只为了通过平台获得用户反馈）或避免将平台和用户投资据为己有。然而，这些自我监管性干预措施可能会扭曲竞争。不过，竞争主管部门应该谨慎地否决这些监管措施，因为对市场一侧的限制也会影响市场的其他侧。

要对平台进行有效治理，就必须对治理手段与公共域产生的冲突进行协调，而这往往充满了挑战。

（三）关于平台治理总体思路的一些思考

平台是一个新事物，对于如何对其进行治理，并没有现成的经验可以借鉴。不过，关于其他事物的梳理，我们已经有了大量的经验。在平台治理的实践中，我们可以对这些经验进行梳理，从而形成一套新的治理思路。

1. 借鉴奥斯特罗姆的公共治理思想

在某种意义上说，平台是一种公共物品，其治理也涉及"囚徒困境"和集体行动问题。这就启发我们，可以借鉴奥斯特罗姆等对公共事务治理的思路来对平台治理问题进行思考（陈永伟、叶逸群，2017）。

奥斯特罗姆提出了治理规则设计的三个问题和八个原则（Ostrom，1990）。其中，三个问题分别是谁来制定规则、如何分配权利义务以及怎样解决纠纷。而八个原则则是针对这三个问题设计的。它们分别是：①清晰界定边界，包括资源所有者边界和资源边界；②占有和供应规则与当地条件保持一致；③应保证本地人参与规则制定；④完善监督体系；⑤建立分级式制裁；⑥冲突解决机制最好由本地人执行；⑦对组织权的最低程度认可；⑧建立分权制组织。在奥斯特罗姆看来，只要牢牢掌握好这八个原则，就可以较好地对前面的三个问题进行回应，并充分发挥社会资本的作用，创造出良好的信任和合作环境。

按照奥斯特罗姆理论的启示，平台治理的关键应当是充分调动各类社会资本，增强平台的整体信任程度，让平台使用者中那部分利他主义者的积极性被调动起来。而要实现这一点，就必须按照奥斯特罗姆所讲的八个原则来对谁来制定规则、如何分配权利义务和怎样解决纠纷这三个问题进行回应。

2. 应用好机制设计

在实践中，平台往往会涉及与大量用户的交互，如果采用一一应对的方式去治理，会耗费很大的成本。与此相比，采用机制设计的思路将是更为有利的（陈永伟，2017）。

举例来说，对于很多电商平台而言，恶意投诉是一件很令人头疼的事。由于存在着信息不对称，平台很难将真正的投诉者和恶意投诉者区分开，而对每一个投诉都认真地加以处理又会耗费很多精力。针对这一问题，可以参考法律经济学中应对恶意诉讼的方法，适当提高投诉成本，制造一个"门槛"，把真正的投诉者和恶意投诉者区分开，从而达到减少恶意投诉、将更多精力分配到真正的投诉上的目的。

3. 用好各种治理手段之间的针对性和互补性

治理模式是多样的，每个平台选用何种模式来进行治理，要针对具体情况进行具体分析。在治理模式的选择过程中，信息的特征具有至关重要的作用（Dixit，2003）。以第三方媒体治理为例：如果涉及的信息是私人性的，难以被识别和证实，那么采用媒体治理的效果就会很差。如果涉及的信息是公共性的，就比较容易被识别和证实，那么采用媒体治理的效果就会比较好。

同时，还应当注意各种治理工具之间的互补性。治理体系是多种要素的组合，各种治理工具之间可能存在着替代或互补，要让治理体系运作更为顺利，就应当尽可能使用彼此之间具有互补性的治理工具（Milgrom and Roberts, 1992）。以前面提到的评级打分系统为例，从设计的初衷来看，这一系统是为了帮助声誉的积累，但正如我们前面指出的那样，在实践中这一系统很可能存在着偏差，从而导致所传递的信息并不客观。考虑到这一情况，引入一个在线纠纷解决机制可能是有利的——当打分出现了偏差，影响了声誉的客观性时，用户可以通过这个机制来对评价进行纠正。这样，声誉机制的运行就会更好。

需要指出的是，互补性的重要性说明了单一治理手段究竟如何，需要放在更为具体的环境中考察。对于平台运营者而言，这意味着单纯学习其他平台的"先进经验"，照搬某种工具，可能是无效的。世界上没有最好的治理模式，只有最适合的治理模式。

（四）搜索和匹配问题

前面的讨论在很大程度上是基于平台所拥有的网络外部性展开的。但正如我们前面指出的，平台更为根本的属性是其促进交易的性质。在这个过程中，平台起到了帮助用户进行搜索、匹配的作用。帮助用户进行有效搜索、匹配，并在此过程中平衡平台与用户、用户与用户之间的关系，是平台治理的一个重要问题。

1. 搜索的中立性问题

在平台上，每一个用户面临的潜在交易对象规模是如此巨大，以致他们不得不借助搜索来寻找交易对象，而很多平台也将搜索作为自己的主要业务之一。在现实中，很多平台的搜索都接受广告赞助。这就可能影响平台搜索的客观性（Rieder and Sire, 2013）。

（1）通道还是编辑？关于平台应该在搜索过程中扮演怎样的角色，存在着两种不同的理论观点：通道理论和编辑理论。通道理论认为，搜索引擎是被动的中介，为了回应用户的搜索请求而对相关搜索结果进行"客观"的筛选，在此背景下，人们呼吁实现"搜索中立"及搜索的"准确性和客观性"（Bracha and Pasquale, 2008; Laidlaw, 2008）。编辑理论将搜索视为回应用户需求而对搜索结果进行主观排名，搜索引擎在这个过程中发挥了积极的编辑作用。这种"编辑观"暗示着完全不存在搜索中立，因为任何排名都代表着搜索引擎对最佳排名的看法。

在现实中，平台究竟更像通道还是平台呢？一些实证研究提供了相关证据。Ursu（2017）利用 Expedia 的旅店搜索进行实验。结果发现，排名影响点击率，但不影响最终购买状况。改进排名后，可以大幅改进消费者福利，但是会减少平台的收入。Cohen 等（2015）对 Uber 出租车叫车程序的定价进行实证研究后，得出了同样的结论，即透明度不足。Uber 通过"加成定价"算法来制定价格。他们发现，由此得出的价格对顾客和司机并不公平。相隔不远的消费者对同样出行里程所收到的报价大相径庭。Fradkin（2014）对 AirBnB 的研究模仿了不同干预情景，这些情景能够最大化匹配效果，并且都基于通过算法改变了信息用途。由此可见，在现实中，平台在搜索过程中会考虑自身的利益，现实的平台更类似于编辑，而非通道。

（2）对搜索中立性的反思。Grimmelmann 认为，通道论允许网站发声，而编辑论允许搜索引擎发声。他认为，这两种理论都曲解了搜索引擎能做些什么且应该做些什么。搜索结果必然是客观通道和主观编辑的结合。从消费者的观点来看，最理想的搜索引擎是"受信任的顾问"。它不应该误导消费者，而是展示与他们的偏好相匹配的结果。搜索引擎应该通过以下方式为用户履行受托角色："不要任由自己的利益冲突影响搜索结果；它不应该有意把明知无关的结果反馈给用户；它绝不能滥用搜索请求，也绝不能隐瞒重要的搜索结果。"（Grimmelmann，2014）换言之，他从消费者的角度出发，重新阐述了"搜索中立"的概念。最后，他强调，搜索排名方面可能存在的问题是它们的个性化程度不足，只迎合了普通消费者的需求。除之前的搜索请求记录以外，个性化排名还需要获得更多的个人信息，由此提出了隐私和搜索效率之间的取舍问题。

需要指出的是，顾问论本身也并不是没有问题。根据顾问论，最好的搜索方式应该是个性化搜索，但这样的结果可能是对用户造成"信息孤岛"。究竟怎样在用户想知道的和用户应该知道的内容之间进行取舍，依然是一个开放性问题。

2. 超级巨星经济学

搜索排名受到超级巨星经济学这个内在问题的困扰（Rosen，1981）。排名存在着顶端和尾端。排名居首的产品被称作"超级巨星"。消费者研究了产品排名之后倾向于购买排名靠前的产品。他们只关注排名靠前的产品以降低搜索成本。这可能会引发锁定效应：热门产品越来越热门。长尾效应和超级巨星效应会同时出现，代价是牺牲了"中间"产品。虽然不一定提升产品在热门程度中的实际排名，但提高了销售分布的偏度。搜索成本降低也可能会引来更多搜索者和消费者。这或许会提高需求总量，但也可能颠覆产品的相对受欢迎程度及它们对应的排名（Johnson and Myatt，2006）。如何克服超级巨星经济学带来的影响？这也是平台搜索中需要研究的一个问题。

3. 广告问题

如果说搜索是让消费者通过平台找到商家，广告就是让商家通过平台找到消费者。究竟平台在帮助商家方面做得如何，也是一个有趣的话题。Blake、Nosko 和 Tadelis（2014）发现，在 eBay 上投放广告的回报率为负值。

他们对 eBay 开展了大规模行为实验，以测量付费搜索广告的有效性，发现付费搜索的回报只是常规非实验估算结果的零头。受品牌关键词驱动的广告没有产生可测量到的短期收益。非品牌关键词广告对新用户和不常来的用户产生了积极影响。然而，eBay 老用户的购买行为不会受到广告的影响，这类用户占用了大部分广告费用，导致广告的平均回报为负值。Lewis 和 Rao（2015）说明了广告回报的波动性极大，而且基本上是不可测的。Goldman 和 Rao（2017）认为，目前流行的广义第二价格（Generalized Second Price，GSP）广告竞价机制可能是造成这种现状的原因，因为它导致受赞助的搜索排名产生偏差，使转化率远远低于预期。

（五）数据问题

作为交易的中介，平台产生了大量的数据。这些数据也引发了很多新的问题。例如，这些数据究竟应该属于平台还是属于用户？如何在使用数据时保护消费者隐私？如何预防平台滥用占有的数据等。本文主要讨论数据产权和数据垄断两个话题。

1. 数据产权问题

从经济学上看，最合理的产权归属应该是能让社会福利最大化的。那么，究竟把数据产权划分给谁才能够达到更高的社会福利呢？这需要权衡划分给每一方的成本和收益。如果将数据划分给平台，那么其收益是可以产生更大的"范围经济"，从而更好地创造价值（Varian，2014；Lewis and Rao，2015），而其带来的成本则可能会侵犯用户隐私，以及有助于平台进行价格垄断等行为（Acquisti et al.，2015）。如果把产权划分给用户，则不会有以上收益和成本。问题是，直接比较两种划分方法的福利依然是困难的。一个处理方法是：进行一个思想实验，假设在交易成本很低的情况下，看数据最后会有怎样的归属。根据科斯定理，在交易成本足够低时，初始产权划分并不重要，通过交换，对物品评价最高的一方将获得产权。Arhey 等（2017）曾经做过类似的实验，他们发现，即使是那些宣称对隐私十分重视的人，也会以很低的价格出让自己的隐私信息。这印证了数据对于个体用户的价值要低于平台。从这个角度看，将数据产权界定给平台可能是更有效的（陈永伟，2017）。事实上，这一结论也符合了一些研究的观点，即个人对于数据的评价并没有反映数据的社会价值（Berthold and Bohme，2010）。

当然，将数据产权划分给平台也会产生一些问题。这涉及产权保护应采用什么规则。法律经济学家 Calabresi 曾提出过三种规则：财产规则、责任规则和不可转让性（Calabresi，1972）。笔者认为，对于大部分数据，应使用责任规则，可以允许需要者使用，并与数据所有者探讨相关报酬；至于重要隐私数据，则当适用不可转让性——尽管企业可以拥有它，但不可轻易将其转移他人。

2. 数据垄断问题

对于平台拥有数据的一个忧虑是，它会造成数据垄断。那么，平台是否能垄断数据呢？关于这一点，学者之间的争议很大。一些学者认为，数据并不难被替代，因此很难垄断，打击数据垄断会降低人们对数据投资的积极性（Lambrecht and Tucker, 2015; Tucker and Wellford, 2015）。另一些学者则认为，数据收集是缓慢的。由此可以造成短期难以替代，可以构筑竞争优势，因此也可以造成垄断（Strucke and Ezrachi, 2017; Stucke and Grunes, 2017）。可以预见，相关争论还会不断地持续下去，但总体来说，现有的相关研究还不是很多。

四 做企业还是做平台？

随着平台模式的崛起，传统的商业模式似乎是衰落了。但是，传统的商业模式真的没有前途了吗？Hagiu 和 Wright 在最近的一系列论文中对这一问题进行了探讨。他们关注的问题是，企业如何在多边平台和转销商之间进行选择？在他们看来，这取决于四方面的因素：

1. 供应商和供货商之间的相对信息优势

例如，Amazon 同时扮演多边市场和转销商的角色，但是，对于不同的商品，这两种模式所占的比例是不一样的。举例来说，Amazon 是做图书起家的，对于这个市场非常了解，因此，其网站上的图书 50% 以上由 Amazon 自营，这里它主要扮演转销商角色。对于电子产品，Amazon 了解较少，因此，其网站上的电子产品中只有约 1% 是由其自营的，其余都是由第三方商户销售的。

2. 跨产品外溢性会导致"多边平台"模式

这一点很容易理解：当存在跨产品外溢性时，一种产品的营销努力会让与自己同侧的所有其他种类产品变得更加畅销。这相当于让平台的群内网络外部性变得更强了。

3. 卖方和中介之间的相对边际成本优势会影响模式的选择

在转销商模式里，中介在销量庞大的产品上具有成本优势——这倾向于固定成本较高、边际成本较低的商业模式。在"多边平台"模式里，供应商在长尾利基市场产品方面占据一定优势，这些产品营业额不高，但边际成本较高。

4. 市场各侧之间的正网络效应（以单向或双向的方式出现在买卖双方之间）会导致选择转销商模式

这一点并不直观。为对此进行说明，我们暂且称一侧用户为消费者，另一侧用户为商家。由于存在各侧之间的正网络外部性，因此，当消费者增加后，其对商家的诱惑也增加了。更多商家可能加入平台，但这同时增加了商家的竞争压力，从而可能减少平台对每个具体商家的吸引力。平台为了让商家留在平台，必须向其转让更多利益，而这有可能降低平台的总体利润。而如果是转销商，则不会存在以上问题。

综合以上几点，平台模式是否比其他模式更为成功取决于很多具体情况。从这个角度看，平台模式的兴起未必意味着传统商业模式的没落。在一些情况下，传统商业模式可能比平台模式更为有利。

五　小结

麦卡菲和布莱恩弗森在新作中把平台的兴起作为"数字革命"的三大标志性事件之一（McAfee and Brynjolfsson, 2017）。笔者认为，这个评价对于平台而言是毫不为过的。平台的崛起，改变了我们的生产和生活，更对人们的思维方式产生了很大的影响。关于平台，我们还很无知，更多的研究有被开展。

参考文献

[1] Acquisti, A., Brandimarte, L. and Loewenstein, G., Privacy and Human Behavior in the Age of Information, *Science*, 2015, 347 (6221): 509 – 514.

[2] Allen, D. and Berg, C., The Sharing Economy: How Over – regulation Could Destroy An Economic Eevolution, Melbourne: Institute of Public Affairs, 2014.

[3] Amelio, A. and Jullien, B., Tying and Freebies in Two – Sided Markets, *International Journal of Industrial Organization*, 2012, 30 (5): 436 – 446.

[4] Angelucci, C., Cage, J. and de Nijs, R., Price Discrimination in a Two – Sided Market: Theory and Evidence from the Newspaper Industry, *Working Paper*, 2013.

[5] Armstrong, M., Competition in Two-sided Markets, *Rand Journal of Economics*, 2006, 37 (3): 668 – 691.

[6] Avery, C., Resnick, P. and Zeckhauser, R., The Market for Evaluations, *American Economic Review*, 1999, 89 (3): 564 – 584.

[7] Behringer, S. and Filistrucchi, L., 2015, P., Areeda – Turner in Two – Sided Markets, *Review of Industrial Organization*, 1999, 46 (3): 287 – 306.

[8] Berthold, S., Böhme, R., Valuating Privacy with Option Pricing Theory, in Böhme eds, *The Economics of Information Security and Privacy*, 2010: 187 – 209.

[9] Blake, T., Nosko, C. and Tadelis, S., Consumer Heterogeneity and Paid Search Effectiveness: A Large – Scale Field Experiment, *Econometrica*, 2014, 83 (1): 155 – 174.

[10] Böhm – Bawerk, E., *Positive Theory of Capital* (translated by Smart, W), G. E. Steckert, New York (original publication 1891), 1923.

[11] Bolton, G., Greiner, B. and Ockenfels, A., Engineering Trust: Reciprocity in the

Production of Reputation Information, *Management Science*, 2012, 59 (2): 265 – 285.

[12] Boudreau, K. and Hagiu, A., Platforms Rules: Multi – Sided Platforms as Regulators, in Gawer, A. eds., *Platforms, Markets and Innovation*, Cheltenham: Edward Elgar, 2011.

[13] Bracha, O. and Pasquale, F., Federal Search Commission: Access, Fairness, and Accountability in the Law of Search, Cornell Law Review, 2008, 93: 1149 – 1199.

[14] Cabral, L. and Hortacsu, A., The Dynamics of Seller Reputation: Theory and Evidence from Ebay, *Journal of Industrial Economics*, 2010, 58 (1): 54 – 78.

[15] Caillaud, B. and Jullien, B., Chicken and Egg: Competition among Intermediation Service Providers, *Rand Journal of Economics*, 2003, 34: 309 – 328.

[16] Calabresi, G., Property Rules, Liability Rules, and Inalienability: One View of the Cathedral, *Harvard Law Review*, 1972, 85 (6): 1089 – 1128.

[17] Coase, R., The Nature of the Firm, *Economica*, 1937, 4 (16): 386 – 405.

[18] Cohen, M. and Sundararajan, A., Self – Regulation and Innovation in the Peer – to – Peer Sharing Economy, *The University of Chicago Law Review Dialogue*, 2015, 82: 116 – 133.

[19] Dixit, A., On Modes of Economic Governance, *Econometrica*, 2003, 71 (2): 449 – 481.

[20] Evans, D., The Antitrust Economics of Multi – Sided Platform Markets, *Yale Journal on Regulation*, 2003, 20 (2): 325 – 381.

[21] Evans, D., *Platforms Economics: Essays on Multi – Sided Businesses*, Competition Policy International, 2011.

[22] Evans, D., Why the Dynamics of Competition for Online Platforms Leads to Sleepless Nights But Not Sleepy Monopolies, *SSRN Working Paper*, 2017.

[23] Evans, P. and Gawer, A., *The Rise of the Platform Enterprise: A Global Survey*, The Center for Global Enterprise, 2015.

[24] Evans, D. and Noel, M., Defining Antitrust Markets When Firms Operate Two – Sided Platforms, *Columbia Business Law Review*, 2005, 3: 667 – 702.

[25] Evans, D. and Schmalensee, R., The Industrial Organization of Markets with Two – Sided Platforms, *Competition Policy International*, 2007, 3 (1): 151 – 179.

[26] Filistrucchi, L., Geradin, D. and Van Damme, E., Identifying Two – Sided Markets. *World Competition Law and Economics Review*, 2013, 36 (1): 33 – 60.

[27] Fradkin, A., Grewal, E., Holtz, D. and Pearson, M., Bias and Reciprocity in Online Reviews: Evidence from Field Experiments on AirBnB, Sixteenth ACM Conference on Economics and Computation, ACM, 2015: 641.

[28] Gale, D. and Shapley, L., College Admissions and the Stability of Marriage, *American Mathematical Monthly*, 69 (1): 9 – 15.

[29] Goldman, E., Search Engine Bias and the Demise of Search Engine Utopianism, in Spink, A. and Zimmer, M. eds., *Web Search*, 2006: 121 – 133.

[30] Grimmelmann, J., Speech Engines, *University of Maryland Francis Carey School of Law Legal Studies Research Paper*, No. 2014 – 11, 2014.

[31] Johnson, J. and Myatt, D., On the Simple Economics of Advertising, Marketing,

and Product Design, *American Economic Review*, 2006, 96 (3): 756 – 784.

[32] Koopman, C., Mitchell, M. and Thierer, A., *The Sharing Economy and Consumer Protection Regulation: The Case for Policy Change*, Arlington: Mercatus Center, George Madison University, 2014.

[33] Koopman, C., Mitchell, M. and Thierer, A., The Sharing Economy: Issues Facing Platforms, Participants, and Regulators, *SSRN Working Paper*, 2015.

[34] Kreps, D., Corporate Culture and Economic Theory, in Shepsle et al. eds., *Perspectives on Positive Political Economy*, 1990: 90 – 143.

[35] Laidlaw, E., Private Power, Public Interest: An Examination of Search Engine Accountability, *International Journal of Law and Information Technology*, 2008, 17 (1): 113 – 145.

[36] Lambrecht, A., Tucker, C., Can Big Data Protect a Firm from Competition?, *SSRN Working Paper*, 2015.

[37] Lee, P., Partner or Rival: Entry Deterrence in Two – Sided Markets, *Working Paper*, 2009.

[38] Lewis, R. and Rao, J., The Unfavorable Economics of Measuring the Returns to Advertising, *Quarterly Journal of Economics*, 2015, 130 (4): 1941 – 1973.

[39] Martens, B., An Economic Policy Perspective on Online Platforms, *EC Working Paper*, 2016.

[40] McAfee, A. and Brynjolfsson, E., *Machine, Platform, Crowds: Harnessing Our Digital Future*, New York: Norton & Company, Inc, 2017.

[41] Milgrom, P., and Roberts, J., *Economics, Organization and Management*, Prentice Hall, 1992.

[42] Miller, N., Resnick, P. and Zeckhauser, R., Eliciting Informative Feedback: The Peer – Prediction Method, *Management Science*, 2005, 51 (9): 1359 – 1373

[43] Moazed, A. and Johnson, N., *Modern Monopolies: What It Takes to Dominate the 21th Century Economy*, New York: S. T. Martin's Press, 2016.

[44] Ostrom, E., *Governing the Commons: The Evolution of Institutions for Collective Action*, Cambridge: Cambridge University Press, 1990.

[45] Parker, G. and Alstyne, M., Two – Sided Network Effects: A Theory of Information Product Design, *Management Science*, 2005, 51 (10): 1494 – 1504.

[46] Rieder, B. and Sire, G., Conflicts of Interest and Incentives to Bias: A Microeconomic Critique of Google's Tangled Position on the Web, *New Media and Society*, 2013, 7 (2): 471 – 483.

[47] Rochet, J. – C. and Tirole, J., Platform Competition in Two – Sided Markets, *Journal of the European Economic Association*, 2003, 1 (4): 990 – 1029.

[48] Rochet, J. – C. and Tirole, J., Two – Sided Markets: A Progress Report. *Rand Journal of Economics*, 2006, 37 (3): 645 – 667.

[49] Rosen, S., The Economics of Superstars, *American Economic Review*, 1981, 71 (5): 845 – 858.

[50] Rysman, M., The Economics of Two – Sided Markets, *Journal of Economic Perspec-*

tives, 2009, 23: 125 – 143.

[51] Saeedi, M. and Sundaresan, N., The Value of Feedback: An Analysis of Reputation System, *SSRN Working Paper*, 2015.

[52] Stucke, M. and Ezrachi, A., When Competition Fails to Optimize Quality: A Look at Search Engines, *Yale Journal of Law and Technology*, 2017, 18 (1): 70 – 110.

[53] Stucke, M. and Grunes, A., Data – Opolies, *SSRN Working Paper*, 2017.

[54] Sundararajan, A., Peer – to – peer Businesses and the Sharing (Collaborative) Economy: Overview, Economic Effects and Regulatory Issues. Written testimony for the hearing title, The Power of Connection: Peer – to – peer Businesses, held by the committee on small businesses of the U.S. House of Representatives, 9/15/2014.

[55] Thierer, A., Koopman, C., Hobson, A. and Kuiper, C., How the Internet, the Sharing Economy, and Reputational Feedback Mechanisms Solve the "Lemons Problem", *SSRN Working Paper*, 2015.

[56] Tucker, D. and Wellford, H., Big Mistakes Regarding Big Data, *SSRN Working Paper*, 2015.

[57] Useem, J., How Online Shopping Makes Suckers of Us All, *Atlantics*, May 2017 Issue, 2017.

[58] Ursu, R., The Power of Rankings: Quantifying the Effect of Rankings on Online Consumer Search and Purchase Decisions, *SSRN Working Paper*, 2017.

[59] Varian, H., Big Data: New Tricks for Econometrics, *Journal of Economic Perspectives*, 2014, 28 (2), pp. 3 – 27.

[60] Weisman, D. and Kulick, R., Price Discrimination, Two – Sided Markets, and Net Neutrality Regulation, *SSRN Working Paper*, 2010.

[61] Weyl, E., A Price Theory of Multi – sided Platforms, *American Economic Review*, 2010, 100 (4): 1642 – 1672.

[62] 陈永伟. 电商如何应对恶意投诉：巧用机制设计，财新网，2017 – 02 – 20.

[63] 陈永伟. 企业拥有数据，更有利社会总福利，新京报，2017 – 08 – 15.

[64] 陈永伟，叶逸群. 在平台时代寻找奥斯特罗姆，群言，2017 (8)：20 – 22.

[65] 魏炜，林桂平，朱武祥. 单边平台：定义、交易特性与设计步骤，新疆社会科学，2016 (4) 35 – 40.

Competition and Governance of Platform Economy: Challenges and Reflections

Yong – wei Chen

(Peking University Center for Market and Network Economy, Beijing 100871)

Abstract: The paper has made a review of literatures on platform economics. The papert in the divided current literatures on platform economics into two main topics: competition issue and governance issue. The issue of competition is to take the platform as the key point of the competition, then to think about its behavior and the social welfare effects. The issue of governance focus on the interaction between the platform and its stakeholders, as well as the resulting platform performance and benefits distribution. Referred to theory origin, the competition issue mainly stems from the theory of industrial organization, while the governance issue mainly stems from the firm theory.

Key words: Platform Economy; Competition; Governance; Industrial Organization; Firm Theory

JEL Classification: L0 L10